Madres que matan: Historias de crímenes reales

Javier Soto

Índice

Introducción

C uando la mayoría de la gente piensa en los crímenes y criminales más notorios de la historia, piensan en hombres. Las estadísticas ciertamente muestran que los hombres cometen más crímenes en general y también más crímenes violentos, pero las mujeres no están exentas de representación. Ha habido una buena cantidad de asesinas notorias a lo largo de la historia. Desde Lady Bathory hasta Lizzy Borden, no faltan las femmes fatales.

Las razones por las que las mujeres matan suelen ser las mismas que las de los hombres: el lucro, el placer y la venganza son todos motivos citados por las asesinas, aunque los métodos de operación suelen ser ligeramente diferentes. Las mujeres tienden a usar veneno más que los hombres, utilizan la estrangulación y apuñalan mucho menos que ellos.

Al leer esto, probablemente no te parezca extraño que ha habido algunas asesinas bastante notorias a lo largo de la historia. Después de todo, las mujeres probablemente han estado matando tanto tiempo como los hombres. Lo que hace único a este libro es que narra mujeres que han matado a sus hijos.

Aunque el asesinato se considera el mayor tabú en nuestra sociedad moderna, el prolicidio o el asesinato de los propios hijos es especialmente aborrecible, especialmente cuando el asesino es la madre. Por supuesto, también es terrible cuando un padre mata a sus hijos, pero una madre desarrolla un vínculo especial con sus hijos después de llevarlos en su cuerpo durante nueve meses.

La ruptura de ese vínculo hace que una madre matando a sus hijos parezca aún peor.

Sin embargo, descubrirás, a medida que leas las páginas de este libro, que las razones y las circunstancias en las que las madres han matado a sus propios hijos son bastante variadas. Algunas madres mataron por celos, otras por venganza, y otras parecen simplemente estar locas.

Leerás sobre algunas madres asesinas de alto perfil que probablemente ya conoces un poco. Sigue el caso de Casey Anthony y decide por ti mismo si mató a su pequeña hija. Lee sobre cómo Andrea Yates asesinó en frío a sus cinco hijos. ¿Recuerdas el caso de Susan Smith en los años 90? Ese caso también está perfilado en este libro. Aunque todos estos son casos de alto perfil que fueron ampliamente cubiertos por la prensa en su momento, leerás sobre detalles que no son de conocimiento común y obtendrás actualizaciones sobre el estado actual de estas famosas madres asesinas.

Dicen que la venganza es un plato que se sirve frío, pero para algunas de estas madres asesinas, llevaron ese aforismo al siguiente nivel cuando mataron a sus hijos. La historia de Christy Sheats, quien parecía una madre normal y promedio, está perfilada en este libro. Cuando el matrimonio de Sheats estaba a punto de desmoronarse y ella creía que iba a perderlo todo, mató a sus hijos frente a su esposo. En un caso similar, leerás sobre Jessica Edens, una madre de Carolina del Sur, quien mató a sus hijos y luego llamó a su esposo para informarle.

Hay un par de mujeres perfiladas que mataron a sus hijos para estar con hombres que no querían niños. Quizás lo peor de todo son aquellas que mataron por lucro. Kelly Turner y Diane Staudte son dos mujeres que se aprovecharon de sus hijos por dinero y lo hicieron de una manera prolongada y dolorosa.

Finalmente, varios de estos casos desafían toda explicación. Dena Schlosser e Isabel Martínez son dos de las asesinas más extrañas de todas, hombres o mujeres, debido a las extrañas razones que dieron para matar a sus familiares. Ambas mujeres creen que tenían una línea telefónica directa con Dios y que Él les dijo que mataran.

Así que prepárate para un viaje fascinante y a veces perturbador. Estarás pegado a las páginas de este libro mientras aprendes sobre algunas de las asesinas más notorias en la historia de Estados Unidos. Algunas de estas mujeres son asesinas en serie, mientras que otras son asesinas en masa, pero todas atacaron a sus familias. Esta es verdaderamente una colección de 16 de las peores asesinas. Y probablemente no celebren el Día de la Madre.

Capítulo 1 - Christy Sheats

Algunas personas nunca pueden dejar ir. Incluso cuando saben que han perdido sus trabajos, cuando saben que han perdido una discusión y, a menudo, especialmente cuando una relación ha terminado, hay personas que nunca admitirán los fríos y duros hechos de la realidad.

Por supuesto, dentro de este subconjunto de personas, hay un espectro. La mayoría simplemente deja que la pérdida hierva en sus mentes, aferrándose a la vaga esperanza de que un día podrán recuperar lo que perdieron. En el otro extremo del espectro, están las personas que toman medidas extremas para recuperar o conservar lo que creen que es legítimamente suyo. Estas personas manipularán, mentirán, robarán y acosarán a su objeto hasta que, generalmente, termine mal para ellas.

Y luego están los casos más intensos. Aquellos en el extremo de "no dejar ir" a menudo parecen saber que nunca podrán recuperar lo que perdieron. Racionalizan la situación reaccionando de la manera más irracional: quitar una vida o vidas.

A menudo, los obsesionados se quitan la vida en un arrebato de frustración definitiva. Los más drásticos quitarán la vida de su objeto y los más perturbados quitarán la vida de su objeto y varias otras vidas antes de quitarse la suya. Es un caso clásico de "Si no puedo tenerte, entonces nadie te tendrá." Es algo difícil de contemplar para la mayoría de las personas, pero desafortunadamente, ocurre mucho más de lo que nos gustaría creer. La mayoría de los casos involucran a un exnovio o exmarido enfadado y molesto, que a menudo bajo la influencia de drogas y/o alcohol, decide quitarle la vida a su ex y a cualquiera que esté cerca de ella.

Pero ocasionalmente, son las mujeres quienes matan en estos casos. Y eso no debería ser sorprendente, ¿verdad? Las mujeres sienten las mismas emociones que los hombres cuando una relación termina, especialmente si no son ellas quienes la terminan. Las mujeres también pueden obsesionarse con cosas y a veces incluso volverse violentas. Lo que sigue es el caso de una mujer que simplemente no quiso dejar ir, lo cual resultó en una masacre que rivaliza con cualquiera de las cometidas por hombres.

La noche del 24 de junio de 2016, Christy Sheats, una madre de 42 años, estaba al borde de la desesperación. Su cordura se desmoronaba, su matrimonio estaba a punto de terminar y había perdido todo el respeto de su familia. Así que, para castigar a su marido, Christy hizo lo más desesperado imaginable: cometió prolicidio (el asesinato de sus hijos). Este caso es tan notable porque la madre asesina había pensado en hacerlo durante algún tiempo, planeando con precisión cómo podría provocar el mayor impacto ante el único testigo que importaba.

No tomó más de media hora, pero una vez que el humo se disipó, las dos hijas de Christy y su esposo de 45 años, Jason—Madison de 17 años y Taylor de 22—estaban muertas, y poco después de ver su obra, Christy también moriría al final de un callejón sin salida en Katy, Texas.

Novios de la infancia

Christy Sheats nació como Christy Byrd en Decatur, Alabama, una localidad media estadounidense de clase media. La vida en Decatur es lenta y tranquila, con muy poco crimen. Es un lugar donde los vecinos aún se conocen y hablan entre sí. La mayoría de las personas que son de Decatur lo aprecian y no querrían vivir en ningún otro lugar porque es un buen sitio para criar una familia. Según todos los informes, la vida de Christy creciendo en Decatur fue bastante normal y no hay evidencia de abuso en el hogar de los Byrd; de hecho, Christy parece haber estado bastante bien ajustada mientras crecía en las décadas de 1980 y 1990. Tenía muchos amigos, salía con chicos, participaba en actividades escolares, le iba bien en la escuela y se llevaba bien con su familia.

Pero también fue donde su familia terminó trágicamente esa calurosa noche de junio.

Un matrimonio problemático

Los primeros años del matrimonio de los Sheats fueron de pura felicidad conyugal. Se mudaron a la ciudad suburbana de Katy, Texas, y tuvieron dos hijas, Taylor y Madison. La familia Sheats hacía todo lo que una familia suburbana de clase media estadounidense hace: asistían a barbacoas y fiestas de barrio, se iban de vacaciones y presentaban la imagen de una familia estable y feliz. Christy era una mujer atractiva, rubia y de ojos azules, y Jason también tenía un aspecto "totalmente americano". Parecían la pareja perfecta.

Pero el exterior de una familia feliz era una fachada que se estaba desmoronando lentamente hacia finales de la década de 2000. La pareja comenzó a discutir sobre cómo criar a las niñas: Jason prefería un enfoque más relajado mientras que Christy era un poco más disciplinaria. Christy quería saber dónde estaban las niñas en todo momento y con quién estaban, lo cual Jason creía que a veces iba demasiado lejos. Los desacuerdos se convirtieron en discusiones verbales, pero nunca llegaron demasiado lejos. Las discusiones nunca se volvieron físicas y la pareja siempre parecía poder pasar página.

O al menos Jason, que era más tranquilo, podía seguir adelante después de las discusiones. Christy, por otro lado, siempre fue un poco obsesiva y no olvidaba las cosas fácilmente; simplemente no podía dejar las cosas ir. Y cuanto más grande era el problema, más difícil le resultaba a Christy dejarlo ir. El matrimonio de Jason y Christy comenzó a tener problemas en la década de 2010, no debido a infidelidades o problemas con sustancias químicas, sino por la naturaleza obsesiva de Christy. La pareja continuó peleando sobre cómo criar a sus dos hijas y Christy se volvió más irracional y combativa durante esas discusiones. Llegó al punto en que cualquier mención de las hijas de los Sheats desencadenaba la obsesividad de Christy.

Christy también estaba muy unida a su abuelo. Era la única persona que no solo escuchaba todos sus problemas, sino que también parecía entenderlos y ofrecer soluciones legítimas para cada uno de ellos. A finales de 2011, cuando la salud mental de Christy comenzó a deteriorarse, ella dependía cada vez más del consejo de su abuelo.

Pero entonces él murió en 2012. La muerte de su abuelo devastó a la ya emocionalmente inestable Christy Sheats. En lugar de abrirse a su esposo e hijas, se cerró y se retiró a su propio mundo. Y era un mundo oscuro y retorcido.

Mientras Christy lamentaba la muerte de su querido abuelo, otra tragedia sucedió cuando su madre murió. Aunque estaba más unida a su abuelo que a su madre, la mamá de Christy representaba el último vínculo con su infancia, que fue una época más feliz y estable en su vida. Christy Sheats se retiró una vez más a su mundo oscuro, pero esta vez sería para siempre.

A medida que sus demonios comenzaban a acumularse, Christy decidió que ya no quería lidiar con ellos ni con nada más. Intentó suicidarse tres veces a principios de la década de 2010, lo que resultó en estadías prolongadas en hospitales psiquiátricos cada vez. El estrés del deterioro del estado mental de Christy le pasó factura, pero fue igual de malo para Jason y las niñas.

Pero la familia Sheats aprendió a lidiar con la naturaleza errática de Christy y, después de un tiempo, incluso daban la bienvenida a sus largas estadías en el hospital psiquiátrico. Cuando estaba en casa, discutía constantemente con Jason y las niñas sobre las cosas más mundanas, desde lo que llevaban puesto hasta dónde estaba Jason si no llegaba a casa inmediatamente después del trabajo. Las discusiones podían volverse bastante acaloradas, tanto que la policía fue llamada a la residencia de los Sheats 14 veces solo en 2012.

Jason sabía que la situación era mala, pero no sabía cuán mala era realmente ni si podría arreglarla. Después de todo, ella era la madre de sus hijos y la conocía desde jóvenes, así que intentó e intentó salvar las cosas.

Cuando Christy recibió su herencia de su abuelo, Jason empezó a tener un poco de miedo. El abuelo de Christy no era un hombre adinerado, por lo que no le dejó mucho, pero sí le dejó su posesión más preciada: una pistola calibre .38. Era un arma bonita y bien cuidada, pero Jason sabía que podría ser un problema y sugirió guardarla bajo llave.

¡Christy no quería saber nada de eso! A Christy no le gustaba que nadie le dijera qué hacer. Aunque era políticamente conservadora, era una mujer moderna que no aceptaba bien que los hombres, incluido su esposo, le dijeran cómo llevar su vida. También era una firme defensora de la Segunda Enmienda, por lo que la pistola se convirtió en otra fuente potencial de conflicto que Jason decidió evitar.

Pero la pistola era el evidente elefante en la habitación a medida que la situación familiar empeoraba. Christy solicitó un permiso para portar el arma, pero debido a su historial de salud mental y al número de veces que la policía fue llamada a la casa de los Sheats, le fue negado. No es fácil que te nieguen un permiso para portar armas en el estado amante de las armas de Texas.

"Simplemente dispara a ti misma"

En las semanas previas al 24 de junio, Jason estaba planeando hacer algunos movimientos importantes. Había hablado con algunos miembros de su familia sobre divorciarse de Christy y había investigado algunos abogados de divorcio en la zona. Creía que los detalles logísticos se resolverían más adelante, pero el momento parecía adecuado para avanzar con los trámites. Había mencionado el divorcio a Christy más de una vez, pero la mera mención de la palabra siempre parecía llevarla al límite.

Esa noche, hablar de divorcio la empujaría al borde del abismo.

El 24 de junio era el cumpleaños de Jason y, aunque no tenía nada especial planeado, esperaba que Christy no tuviera uno de sus episodios cada vez más inestables. Jason intentó hablar racionalmente con Christy sobre separarse, pero ella reaccionó negativamente. Más tarde ese día, Christy inició una pelea con su hija mayor sobre su prometido, con quien estaba programada para casarse solo unos días después, el 27 de junio.

Mientras el cumpleaños de Jason se convertía en otro día horrible pero normal en la casa de los Sheats, frustrado, le dijo a Christy: "Este será el último cumpleaños que vas a arruinar." Poco sabía él que tenía razón.

Christy convocó una reunión familiar esa noche en la sala de estar bajo el pretexto de que los cuatro discutirían los numerosos problemas familiares. Por supuesto, todos los problemas emanaban de Christy, pero eso le importaba poco porque había decidido que la pistola de su abuelo sería la que hablaría.

Tan pronto como Christy convocó la reunión, metió la mano entre los cojines del sofá en el que estaba sentada y sacó la pistola de su abuelo. Había planeado el encuentro horas antes. Pensando que Christy solo pretendía suicidarse, Jason la desafió cuando vio el arma.

"Simplemente dispara a ti misma," dijo. "Hazlo fácil para todos nosotros, ¡simplemente dispara a ti misma!"

Christy respondió, dejando claras sus verdaderas intenciones. "No, de eso no se trata. ¡Esto es para castigarte a ti!" dijo.

En ese momento, Christy comenzó a disparar a sus dos hijas. Jason y sus hijas corrieron hacia la puerta principal, logrando salir, pero Madison murió en el césped. Jason logró llamar al 911 durante el ataque y se le oyó decir: "Te prometo lo que quieras" a su esposa mientras ella se acercaba para terminar su diabólica obra.

Mientras Taylor se arrastraba por el césped con la poca energía que le quedaba, Christy recargó, se acercó a su hija y disparó dos tiros más. No tardó mucho la policía en llegar al tranquilo callejón sin salida.

Cuando lo hicieron, Christy estaba esperando. Apuntó con la pistola a los oficiales, pero fue abatida de un disparo en la cabeza y murió al instante. Parecía ser un claro caso de "suicidio por policía". Madison murió en la escena por un solo disparo en el cuello, mientras que Taylor murió más tarde en el hospital por tres disparos en la cabeza.

Jason no resultó herido, al menos físicamente hablando. Sin embargo, no hay duda de que Jason Sheats llevará para siempre la tortuosa memoria de cómo su esposa destruyó a su familia el día de su cumpleaños. Y, según las propias palabras de Christy y los oficiales de la ley locales que investigaron el caso, esa era su intención.

"Él sintió que Christy quería que sufriera," dijo el Sheriff del Condado de Fort Bend, Tory Nehls. "Christy sabía cuánto amaba él a Taylor y Madison y cuánto lo amaban ellas a él." Christy Sheats simplemente no podía dejar ir la vida que una vez tuvo y que probablemente nunca podría recuperar. Si ella no podía ser feliz, entonces nadie más en su vida podía serlo tampoco.

Capítulo 2 - Casey Anthony

No se puede negar que a los estadounidenses les encanta el crimen. En cualquier momento, todo lo que tienes que hacer es hojear la televisión por cable durante unos minutos para encontrar un programa de crímenes reales o un programa de forense criminal. Si no hay un programa de crímenes reales, probablemente puedas ver una película con temática criminal en uno de tus proveedores de streaming favoritos.

Y si las películas y la televisión no son lo tuyo, entonces ciertamente hay muchos libros de crímenes reales que puedes recoger en la biblioteca, tu librería local o en Amazon para satisfacer tu dosis de crimen. Por supuesto, no cualquier crimen servirá. A los estadounidenses les gustan sus historias de crímenes reales salaces y, a veces, un poco sangrientas. Sobre todo, necesitan tener un buen antagonista. Dado que los estadounidenses tradicionalmente han apoyado al desvalido, a veces ayuda si la persona acusada del crimen, o crímenes, es atractiva, exitosa y/o articulada.

También a veces ayuda si el acusado es una estrella deportiva popular como O.J. Simpson o un ex actor de "lista A" como Robert Blake. Pero a menudo un desconocido virtual encaja perfectamente en el papel, especialmente cuando los personajes secundarios son figuras más grandes que la vida.

Este siguiente caso encaja perfectamente con la mayoría de los criterios para ser un caso de crimen hecho para televisión. Sería hilarante de muchas maneras, si no girara en torno a la muerte de un niño inocente. El caso en cuestión es el asesinato de la pequeña Caylee Anthony a manos de su madre, Casey Anthony.

Este caso estaba destinado al canal ID desde el principio. La antagonista y acusada, Casey Anthony, era físicamente atractiva pero poco simpática. Casey parecía una chica estadounidense típica, pero una vez que surgieron detalles sobre su estilo de vida, la buena voluntad que inicialmente obtuvo se convirtió rápidamente en odio. Francamente, para muchos, representaba algunas de las peores cualidades que se encuentran en las personas: codicia, vanidad y egoísmo. ¡Pero todas estas son cualidades que funcionan bien para la televisión!

El sentimiento anti-Casey Anthony fue impulsado en gran medida por los medios de comunicación que llevaron el caso a las salas de estar de todo Estados Unidos las 24 horas del día, los siete días de la semana. Las dos redes que cubrieron el caso principalmente fueron Court TV/TruTV y Headline News Network (HLN), siendo esta última la que lideró la cobertura. La detractora más vocal y visible de Casey fue la exfiscal Nancy Grace, quien dedicó innumerables horas en su programa de HLN al caso.

Un caso como este también necesita al menos un abogado colorido para completar el elenco. El abogado principal de la defensa de Anthony, Jose Baez, definitivamente cumplía con ese requisito. Baez era un abogado algo llamativo y ciertamente poco convencional del sur de Florida, que se ganaba la vida representando —y a menudo obteniendo veredictos de no culpabilidad para— ladrones, asesinos y una serie de otros que podrían estar en una galería de pícaros. También hubo rumores de que él y Casey tenían una relación que iba más allá de la de cliente-abogado.

Pero, cuando todo estuvo dicho y hecho, el caso tuvo que ser juzgado en una sala de tribunal, no en el programa de televisión de Nancy Grace ni en el tribunal de la opinión pública. Cuando el jurado proclamó a Casey Anthony no culpable, sorprendió a la mayor parte del país y dejó perplejos a Nancy Grace y a otros comentaristas profesionales.

Las redes sociales reaccionaron rápidamente al veredicto, siendo uno de los primeros casos en involucrar y ser seguido extensamente por varios sitios de redes sociales. El "Caso Casey Anthony", como se le conoció, se asoció tanto con las redes sociales que también se le llamó el "Caso del Asesinato en Redes Sociales".

Al final, el caso trágico sigue sin resolverse y sin esclarecerse en su mayor parte. Casey está técnicamente libre, pero los detalles de la muerte de su hija permanecen envueltos en misterio.

Una Niña Salvaje

Casey Anthony nació en Warren, Ohio, el 19 de marzo de 1986, hija de George y Cindy Anthony. Si nunca has estado allí, Warren es una ciudad amigable pero dura, justo a las afueras de la otrora próspera ciudad industrial de Youngstown, Ohio. Una verdadera ciudad sindical, las personas de Warren estaban tradicionalmente empleadas en una de las industrias pesadas del área o en sectores de apoyo. En muchos sentidos, Warren era la ciudad quintesencial del "Cinturón de Óxido".

Sin embargo, Warren había comenzado a cambiar a principios de los años 80. Gran parte de la industria pesada de la que dependía la ciudad se había trasladado a países en desarrollo. Para cuando Casey nació, el apogeo industrial del área ya había pasado y la población había disminuido significativamente.

Pero George Anthony era un buen proveedor para su familia. George era un oficial de policía que le dio a su familia, que incluía a un hijo mayor, Lee, una buena vida. Eventualmente, trasladó a la familia al centro de Florida para que él y su esposa pudieran disfrutar de sus años dorados bajo el sol y sus hijos tuvieran oportunidades que él no creía disponibles para ellos en Ohio.

Casey encontró muchas oportunidades en Florida. Casey nunca mostró mucho interés en los deportes, los estudios o la mayoría de las actividades extracurriculares en el instituto. Bueno, al menos en las actividades extracurriculares sancionadas por la escuela. Para cuando llegó a la adolescencia, Casey comenzó a juntarse con otros chicos que tenían un interés similarmente escaso en las funciones escolares, así que comenzaron a faltar a clases juntos.

Cuando la escuela enviaba reportes de ausencias por correo a la casa de los Anthony o llamaba por teléfono, Casey interceptaba los mensajes. Cuando lograban llegar, como en las reuniones de padres y profesores, Casey le mostraba a su papá sus grandes ojos azules y prometía mejorar.

Como suele suceder con la mayoría de los padres, George era manipulado por su hija. Pero, en una familia donde ambos padres están presentes en el hogar, al menos uno suele ser inmune a los encantos del niño manipulador.

Casey, sin embargo, era una persona naturalmente astuta y, para cuando tenía 16 años, parecía haber perfeccionado sus tácticas manipuladoras: ambos padres estaban aparentemente bajo su influencia. Sabía cómo apelar a cada uno de sus padres, pero lo que funcionaba para uno a menudo no funcionaba para el otro.

El hecho de faltar ocasionalmente a una clase rápidamente evolucionó hasta saltarse días y hasta semanas enteras de clase. Casey también comenzó a beber y a fumar marihuana mientras se ausentaba de las clases. Casey y sus amigos a menudo rotaban las fiestas en las casas de sus padres durante el día cuando se saltaban las clases y luego se sobreactuaban lo suficiente al regresar a casa por la tarde para mantener la apariencia de que aún eran estudiantes de instituto legítimos.

Casey faltó tanto a clase que no pudo participar en la ceremonia de graduación de su clase, lo que fue una completa sorpresa para sus padres y abuelos que estaban presentes. El incidente resultó ser un gran fiasco en la casa de los Anthony y efectivamente desveló algunas de las fachadas de niña dulce que Casey había construido durante su adolescencia. George y Cindy ya no estaban convencidos de que su hija fuera tan dulce e inocente. Pero lo que vino después realmente eliminó cualquier pretensión de que Casey era una "buena chica".

¿Quién es el padre?

Mientras Casey faltaba a clase con sus amigos, no solo estaba bebiendo un poco de cerveza y fumando un poco de marihuana, también estaba teniendo relaciones sexuales. No es sorpresa que, cuando mezclas alcohol con chicos impulsados por hormonas y una chica linda, las cosas iban a suceder. Pero a Casey no parecía preocuparle mucho las consecuencias.

Si había un tema común que surgía constantemente durante la vida de Casey Anthony, era que las consecuencias tenían poca importancia para ella. No consideraba el control de natalidad y, como resultado, quedó embarazada a los 19 años. No tenía un empleo regular, no asistía a la universidad y vivía en casa con sus padres. Aún así, para Casey, la vida era una fiesta.

Casey ocultó el embarazo a sus padres durante varios meses. No ganó mucho peso durante el embarazo y se ausentaba tanto de la casa que sus padres no notaron nada. Casey consideró el aborto, pero finalmente decidió no hacerlo y confesó la noticia a sus padres. No hace falta decir que no estaban contentos.

George y Cindy estaban manteniendo económicamente a Casey y sabían que, a menos que el comportamiento y la actitud de su hija cambiaran rápidamente, también tendrían que cuidar de su futuro nieto. Aun así, decidieron apoyar a su hija durante el embarazo y ver qué sucedía. Tenían que averiguar quién era el padre, pero eso se convirtió en una aventura en sí misma.

Cuando Caylee nació en 2005, Casey tenía un supuesto novio estable llamado Jesse Grund. Jesse pensaba que él era el único novio de Casey en ese momento y también pensaba que Caylee era su hija. No estaba preparado para la paternidad, pero hizo lo mejor que pudo y, según todos los informes, lo estaba haciendo mejor que Casey. Pasaba tiempo con Caylee y, a diferencia de Casey, tenía un empleo estable.

Pero luego llegó la prueba de ADN. ¡Jesse no era el padre de Caylee! Hasta el día de hoy, no se sabe quién es el padre de Caylee. Más tarde se reveló que el padre podría haber sido cualquier número de hombres, y el número era bastante significativo. Sin embargo, para Casey, la identidad del padre de su hijo no parecía ser muy importante.

Nada parecía ser muy importante para Casey Anthony, excepto las fiestas y ser el centro de atención.

Y no iba a dejar que una pequeña cosa como la maternidad se interpusiera en su diversión. Cuando Caylee aún era un bebé, Casey consideró darla en adopción. En una rara instancia de autoconciencia (aunque fue resultado del egoísmo), Casey le dijo a su familia que no era una buena madre y que estaba considerando dar a Caylee en adopción. En retrospectiva, habría sido la mejor decisión para todas las partes involucradas, pero los impulsos de abuela de Cindy Anthony se impusieron.

Cindy le dijo a Casey que ella ayudaría a criar a Caylee y que podrían vivir en la casa familiar el tiempo que necesitaran. También le dijo que ella y George ayudarían económicamente siempre y cuando Casey hiciera un esfuerzo. Era un buen trato para Casey ya que le permitía continuar con su estilo de vida sin impedimentos. Casey pensaba que podía hacer y ir prácticamente donde quisiera y que sus padres estarían allí para cuidar de Caylee, como niñeros disponibles a cualquier hora.

A cambio, los Anthony requerían —o más bien solicitaban— que Casey hiciera algunos cambios positivos en su vida. Se suponía que debía encontrar un empleo regular y hacer un intento más serio de ser madre. Casey aceptó, pero el esfuerzo que hizo fue mínimo en el mejor de los casos.

La desaparición

Casey y Caylee vivían oficialmente en la casa de los Anthony, pero estaban fuera gran parte del tiempo. Casey continuó con su vida de fiesta dura, trabajaba ocasionalmente y a veces se quedaba con amigos o con su última aventura. No hace falta decir que no era la situación más estable para Caylee.

Los Anthony intentaron hacer lo que pudieron para proporcionar un buen hogar para Caylee, pero los conflictos con Casey eran constantes. No quería que le dijeran que madurara y no apreciaba ser comparada con su hermano mayor, más responsable.

El 16 de junio de 2008, las cosas llegaron a un punto crítico en la casa de los Anthony. Casey y Caylee estuvieron en la casa de los Anthony la mayor parte del día. Usaron la piscina y Casey usó la computadora familiar mientras sus padres pasaban tiempo con Caylee. Pero, como tantas otras veces, surgió una discusión entre Casey y sus padres. George y Cindy querían saber si Casey estaba trabajando y, si no, si estaba buscando empleo a tiempo completo. También querían saber dónde estaban ella y su nieta cuando no estaban en la casa familiar. Casey no quería escuchar ninguna de esas preguntas. Casey se llevó a Caylee de la casa y George y Cindy no supieron nada de su hija durante un mes.

George y Cindy no se molestaron en tratar de contactar a Casey durante los primeros días. Sabían que su hija podía ser emocional y volátil y que a veces era mejor dejarla enfriarse y que viniera a ellos. Sin embargo, cuando no los llamó, empezaron a preocuparse un poco, especialmente por Caylee. Sabían que Casey no era una madre muy responsable y que tenía la tendencia a olvidar, o no preocuparse, por hacer cosas básicas para su hija.

Después de un par de semanas, Casey finalmente llamó a Cindy y le dijo que ella y Caylee estaban bien. Le dijo a su madre que estaban quedándose en casa de un amigo y que la razón por la que no había devuelto sus llamadas era que estaba ocupada buscando trabajo.

Cindy era escéptica y le hizo preguntas, especialmente sobre el estado de Caylee, pero Casey tenía una respuesta para todo. Casey dijo que había conseguido un buen trabajo en Universal Studios y que Caylee estaba quedándose con una niñera llamada Zenaida Fernandez-Gonzalez, "Zanny", mientras ella trabajaba.

Cindy se alegró de escuchar a Casey y de que todo pareciera ir bien, pero estaba sospechosa porque las cosas parecían ir demasiado bien para su hija normalmente poco ambiciosa y problemática. Y la historia sobre la misteriosa niñera llamada Zanny era extraña, por decir lo menos.

Pero no había nada que Cindy pudiera hacer. Sabía que, si seguía presionando a Casey, entonces Casey respondería con más presión y podrían pasar varias semanas más antes de que pudiera ver a su nieta. Así que los Anthony esperaron.

Entonces, el 14 de julio, George y Cindy fueron notificados de que el coche de Casey había estado en un lote de vehículos incautados desde el 30 de junio. George y Cindy recogieron el coche el 15 de julio y notaron de inmediato que había estado estacionado durante algunas semanas. Casey no había estado cuidando el coche, pero cuando George abrió el maletero para limpiarlo, se quedó impactado. Había un olor. Lo había olido antes cuando era oficial de policía. Era el olor de la muerte.

George y Cindy lograron ponerse en contacto con Casey, quien llegó a la casa de los Anthony sin Caylee. Casey continuó con la historia de que Caylee estaba con Zanny, pero la historia cambió ligeramente, ahora insinuando que Zanny podría ser una potencial secuestradora.

Más preocupada por Caylee que Casey, Cindy llamó al 911. "No puedo encontrar a mi nieta," dijo Cindy Anthony al operador del 911. "Ella [Casey Anthony] acaba de admitir que ha estado tratando de encontrarla por su cuenta. Hay algo mal. Encontré el coche de mi hija hoy y huele como si hubiera habido un cadáver en el maldito coche."

El operador del 911 entonces pidió hablar con Casey. "¿Puedes decirme qué está pasando un poco?" preguntó el operador.

"Mi hija ha estado desaparecida durante los últimos 31 días," respondió Casey.

El operador del 911 luego preguntó, "¿Y sabes quién la tiene?"

"Sí, sé quién la tiene," contestó Casey. "Su nombre es Zenaida Fernández-Gonzalez."

Según Casey Anthony, su hija había sido secuestrada por una niñera llamada Zanny, por alguna razón desconocida, en un momento que no estaba claramente definido. Era el comienzo de una serie de mentiras que seguirían creciendo y creciendo.

Una montaña de mentiras

George y Cindy estaban consternados porque su nieta había sido supuestamente secuestrada por su niñera, pero cuando le preguntaron a Casey por qué la mujer haría tal cosa, ella no pudo darles una respuesta lógica. A veces insinuaba que tal vez Zanny quería a Caylee para ella misma, mientras que otras veces sugería que era parte de un elaborado esquema de secuestro internacional.

El Departamento del Sheriff del Condado de Orange tomó la iniciativa en el caso, apoyado por el Departamento de Policía de Orlando porque el supuesto secuestro tuvo lugar en esa ciudad. Casi de inmediato, las cosas no parecían estar bien para los investigadores. La historia de "Zanny" parecía extraña para todos los investigadores involucrados. Los detectives experimentados saben cuándo alguien está mintiendo y a menudo pueden decirlo cuando escuchan una mentira. Cuando una historia cambia tanto como lo hizo con la historia de Zanny, la persona que la cuenta generalmente está mintiendo.

Luego estaba el asunto del comportamiento de Casey. No parecía muy afectada por la situación y cuando la familia Anthony organizó esfuerzos de búsqueda, Casey no estaba por ninguna parte.

Bueno, estaba en algún lugar: simplemente no estaba buscando a su hija desaparecida. Resulta que después de que Caylee había sido supuestamente secuestrada por Zanny, Casey estaba de fiesta en uno de los clubes nocturnos más conocidos de la zona: Fusion. Surgieron fotos de Casey bailando seductoramente con hombres y mujeres en la pista del club nocturno y se supo que incluso participó en un concurso de "cuerpos calientes" una noche.

Para sus amigos y conocidos, Casey estaba más molesta por no haber ganado el concurso de "cuerpos calientes" que por el hecho de que su hija estuviera desaparecida. Este fue el patrón durante todo el mes que transcurrió desde que Casey y Caylee dejaron la casa de los Anthony el 16 de junio hasta que se llamó a la policía el 15 de julio. Casey simplemente continuó con su vida como si nada hubiera sucedido y como si nunca hubiera tenido un hijo. Fue a otros bares y clubes nocturnos además de Fusion, salió a cenar con sus amigos y pasó tiempo con uno de sus novios, Tony Lazzaro.

Lazzaro luego dijo sobre ese mes: "Ella era como era todos los días: feliz. Feliz de verme. Pasándola genial." Casey tampoco le dijo a Lazzaro que Caylee estaba desaparecida, y cuando la policía le preguntó sobre Zanny, era toda información nueva para él. Francamente, era información nueva para todos los que conocían a Casey y Caylee. Ninguno de los amigos y familiares de Casey había oído hablar de la misteriosa niñera latina antes, y mucho menos habían conocido a la mujer.

Así que los detectives del Departamento del Sheriff del Condado de Orange decidieron investigar un poco más sobre la identidad de Zenaida Fernández-Gonzalez. Resultó que

MADRES QUE MATAN: HISTORIAS DE CRÍMENES REALES

había una mujer llamada Zenaida Fernández-Gonzalez que vivía en el área de Orlando, lo cual no debería ser tan sorprendente considerando que Florida tiene comunidades cubanas, puertorriqueñas y de otros países latinoamericanos. Dicho esto, los detectives pudieron determinar de manera concluyente que la Zenaida Fernández-Gonzalez que vivía en el área de Orlando en ese momento no tenía ninguna conexión con Casey o Caylee Anthony.

Más tarde, Anthony afirmó que había conocido a una mujer con ese nombre más de un año antes, pero que había inventado todo lo demás sobre ella siendo la niñera de Caylee. Los investigadores creen que la mujer fue un invento y que el nombre provino del amor de Casey por el medicamento recetado Xanax.

La realización de que Casey había inventado a "Zanny" tenía serias implicaciones. Primero, significaba que Casey mentiría a sus amigos, familiares y a la policía sobre algo mortalmente serio. Segundo, la mentira sugería sin duda que estaba ocultando algo. Los detectives aún tenían que determinar qué era lo que estaba escondiendo, pero estaba relacionado con Caylee.

O bien Casey sabía lo que había sucedido con Caylee o estaba involucrada directamente de alguna manera. Cualquier buen detective sabe que, una vez que atrapas a una "persona de interés" en un crimen en una mentira, esa persona se convierte inmediatamente en un sospechoso. Todos los buenos detectives también saben que es el momento de aumentar la presión.

Durante su interrogatorio a Casey, los detectives decidieron presionarla sobre otro tema: su supuesto trabajo en Universal Studios. Los detectives ya habían realizado su verificación de antecedentes y habían aprendido que Casey no estaba empleada activamente en ningún lugar, así que cuando les dijo que trabajaba en Universal, le preguntaron en qué departamento trabajaba y quién era su jefe. Cuando las respuestas de Casey resultaron ser tan fluidas como una botella de su perfume barato, le ofrecieron llevarla allí para refrescar su memoria.

Cuando llegaron a Universal Studios, Casey finalmente admitió que no trabajaba allí. Casey Anthony siempre había podido manipular las cosas a su favor a través de una combinación de su atractivo físico y su capacidad para mentir. No es que fuera necesariamente una buena mentirosa; simplemente estaba dispuesta a mentir. Verás, la mayoría de las personas raramente mienten, y cuando lo hacen, a menudo se sienten culpables al respecto y terminan siendo atrapadas o simplemente admiten que mintieron.

Para Casey Anthony, mentir era algo natural, pero se encontró con su igual en los detectives del Condado de Orange. No solo las mentiras de Casey la hacían parecer culpable ante los ojos de la policía, sino que también eran procesables penalmente. El 16 de julio de 2008, Casey Anthony fue arrestada por poner en peligro a un menor e interferir en una investigación policial. Se le impuso una fianza elevada de $500,000, y después de que las noticias locales informaron sobre el caso, este lentamente comenzó a llegar a las cadenas de televisión por cable.

El caso dio un primer giro de alto perfil cuando Casey fue liberada bajo fianza. No tenía dinero propio para pagarla y ninguno de sus amantes lo tenía, o no estaban dispuestos a hacerlo. George y Cindy Anthony tampoco publicaron la fianza.

Curiosamente, la fianza fue pagada por un caza-recompensas de alto perfil de California llamado Leonard Padilla. Padilla es más conocido por vestirse de vaquero y perseguir a criminales de renombre. Uno de los casos más grandes en los que estuvo involucrado fue el caso de los asesinos en serie Speed Freak Killers durante mediados de los 2000 en el norte de California. En ese caso, trabajó con uno de los asesinos para localizar los cuerpos de las víctimas, para que sus familias pudieran tener un cierre.

Entonces, ¿por qué Padilla usó su propio dinero para liberar a Casey Anthony de la cárcel? Padilla dijo más tarde que creía que Casey sabía lo que había pasado con Caylee o que tenía algo que ver directamente con su muerte. Afirmó que solo quería encontrar el cuerpo de la niña y obtener alguna resolución sobre el caso. Después de liberar a Casey Anthony, Padilla se reunió con ella para discutir el caso inminente.

No solo no obtuvo la información que buscaba, sino que salió de la reunión con una visión completamente negativa de Anthony. Padilla apareció en el programa de televisión de Nancy Grace poco después de reunirse con Casey Anthony, diciendo que la joven madre era una narcisista promiscuo. ¡No exactamente un respaldo entusiasta por parte de tu fiador!

Lo que hizo Casey a continuación mostró una falta de inteligencia, falta de autoconciencia o un poco de ambas. Mientras estaba libre bajo fianza, fue arrestada el 29 de agosto por escribir cheques robados de una de sus amigas. Ciertamente no era una buena imagen para Casey, quien para ese momento era el tema de programas televisivos diarios, artículos en periódicos y entradas en blogs. Casey Anthony y la desaparición de Caylee se estaban convirtiendo rápidamente en la historia más candente en América.

Mientras amigos y familiares de los Anthony mantenían la esperanza de que Caylee aún estuviera viva, los detectives que trabajaban en el caso sabían que probablemente estaba muerta. Esperaban que, mientras Casey pasaba tiempo en la cárcel por girar cheques sin fondos, pudieran reunir más evidencia y construir un caso en su contra. Y la evidencia circunstancial comenzaba a acumularse.

Pero George y Cindy no habían renunciado a su hija. No importaba lo que ella hubiera dicho o incluso hecho, todavía la amaban y querían creer que no tenía nada que ver con la desaparición de Caylee. Publicaron la fianza de $500,000 y llevaron a Casey de regreso a casa.

Cargos sin un cuerpo

El regreso a casa de Casey fue todo menos alegre. Según informes de quienes estaban cerca de la familia Anthony, la tensión entre Casey y sus padres era palpable. Aunque George y Cindy todavía querían creer que Casey no había matado a Caylee, comenzaban a pensar que sabía más de lo que decía. Los detectives también creían que Casey sabía más de lo que estaba dejando ver; pensaban que tenía algo que ver con la muerte de la pequeña. Pero, ¿qué evidencia había de que Caylee estaba muerta?

Mientras Casey entraba y salía de la cárcel, los detectives estaban ocupados reuniendo la evidencia necesaria para acusarla de crímenes más graves. La evidencia de descomposición humana en el maletero de su coche era ciertamente incriminatoria, al igual que su comportamiento general y algunas búsquedas en internet que posiblemente realizó desde la casa de los Anthony. Pero todo eso era evidencia circunstancial, y aun con todo eso combinado, sería difícil probar en tribunal que Casey era la asesina de su hija.

Y no hay duda de que sería extremadamente difícil obtener una condena sin un cuerpo. Aunque en Florida no se necesita un cuerpo para probar un asesinato, es más complicado hacerlo sin uno.

Así que todos estos factores hicieron que obtener una condena por asesinato contra Casey Anthony fuera una propuesta extremadamente difícil, pero el fiscal del Condado de Orange decidió seguir adelante con el caso de todos modos, acusándola de asesinato el 14 de octubre de 2008. Sin duda, la oficina del fiscal se sintió presionada por la opinión pública, que estaba siendo impulsada por una intensa cobertura mediática. Así que Casey fue encarcelada, acusada de asesinato en primer grado, y se le denegó la fianza.

Casey Anthony enfrentaba la posible pena de muerte, y en Florida, las penas de muerte se llevan a cabo de manera rutinaria. Mientras Casey cumplía su condena en la cárcel del condado, un desarrollo importante en el caso comenzó a tener lugar cerca de la casa de su familia.

Roy Kronk era un lector de medidores para la compañía de servicios públicos local. Durante varios años trabajando como lector de medidores, había sido perseguido por perros y propietarios de viviendas desquiciados, y había visto cosas bastante extrañas. En su mayor parte, había aprendido a ignorar la mayoría de las cosas extrañas que veía y simplemente hacer su trabajo, pero algo en una zona boscosa cerca de la casa de los Anthony no parecía correcto. Estaba al tanto del caso, así que llamó a la policía.

La primera vez que Kronk llamó a la policía, lo dirigieron a una línea de información, donde su aviso desapareció. Llamó a la policía dos veces más en agosto para informarles sobre lo que parecía una bolsa de plástico al lado de un cráneo en la zona boscosa.

La policía buscó en el área boscosa después de la tercera llamada y no encontró nada. Uno se pregunta qué estaban haciendo.

Finalmente, el 11 de diciembre de 2008, Kronk llamó a la policía por cuarta y última vez. Los agentes fueron un poco más exhaustivos durante esa búsqueda, encontrando los restos de un niño dentro de una bolsa de plástico. Las pruebas de ADN revelaron más tarde que se trataba de Caylee Anthony. Los fiscales tenían su cuerpo y la aparente prueba de que Caylee Anthony había sido asesinada. Solo tenían que probar que la asesina era Casey.

Un circo mediático

Los medios nacionales comenzaron a acechar la casa de los Anthony tan pronto como surgieron algunos detalles sobre el caso. Una vez que Casey fue acusada del asesinato de su hija, la vigilancia de la casa de los Anthony se convirtió en una parte incesante del ciclo informativo.

Muchos de los comentaristas más "de ley y orden" en la televisión por cable dedicaron casi todo su tiempo a criticar a Casey Anthony. No es que se necesitara ayuda en ese aspecto, pero Geraldo Rivera, John Walsh, famoso por "America's Most Wanted", y la exfiscal convertida en comentarista Nancy Grace, pasaron mucho tiempo construyendo el caso en contra de Anthony.

Por supuesto, todo se trataba de las audiencias, que aumentaron para todos los comentaristas. Para Nancy Grace, quien había sido esencialmente una presentadora de "lista B" en Court TV antes del caso, esto resultó ser un gran impulso profesional, ya que su audiencia aumentó en más del 150%.

Tru TV (anteriormente Court TV) proporcionó cobertura completa de las audiencias, y si te perdiste alguna de las transmisiones en vivo, había repeticiones disponibles tarde en la noche, o podías obtener resúmenes de Grace o de otros comentaristas.

Por supuesto, también estaba Internet. El caso de asesinato de Casey Anthony a menudo se cita como uno de los primeros "casos de asesinato en redes sociales", en parte debido a algunas de las pruebas presentadas en el juicio, pero principalmente porque Facebook, Twitter y varios blogs impulsaron el ciclo de noticias. Los Baby Boomers seguían siendo los principales consumidores de medios noticiosos en 2008/09, y preferían los medios tradicionales como la televisión, los periódicos y las revistas, pero la Generación X y los Millennials tenían menos interés en Nancy Grace, Geraldo y John Walsh.

Cuando se consideraba toda la cobertura mediática del caso en conjunto, realmente fue el juicio del siglo.

No es un caso fácil

A principios de 2011, todas las mociones previas al juicio estaban completas y los abogados habían formado sus equipos. Linda Burdick lideraba la acusación para el Condado de Orange, mientras que Jose Baez encabezaba el equipo de defensa. Como Casey Anthony no tenía los fondos para pagar a un abogado tan destacado, Baez tomó el caso pro bono —bueno, una especie de pro bono—. Y Jose Baez era ciertamente uno de los abogados más destacados de Florida.

Baez provenía de orígenes humildes, obteniendo su título en derecho un poco más tarde en la vida mientras trabajaba para pagarse la escuela. Eventualmente, construyó una buena práctica de defensa penal en Florida, defendiendo con éxito a personas acusadas de asesinatos y otros delitos graves. Baez aceptó el caso de Anthony bajo la suposición de que ella pagaría más tarde, aunque muchos han cuestionado esa forma única de pago, ya que nada en la vida de Casey Anthony antes del juicio por asesinato sugería que alguna vez podría pagar una suma considerable de dinero.

Algunos sugirieron que Baez había tenido una aventura con Anthony, aunque eso es poco más que un rumor. Otros han señalado que Baez es un astuto hombre de negocios además de ser abogado y que defender a un cliente tan prominente solo ayudaría a su marca. Después de todo, en el juicio mediático que fue el caso de Casey Anthony, hacerse conocer podría tener importantes dividendos.

El juicio finalmente comenzó el 11 de mayo de 2011. El caso de la acusación era, en su mayoría, circunstancial, pero era sustancial de todos modos. Un mechón de cabello encontrado en el coche de Casey era consistente con el de Caylee y mostraba signos de un proceso conocido como "marcaje de raíces". El marcaje de raíces solo ocurre después de la muerte, lo que significa que Caylee estaba fallecida cuando estuvo en el coche de su madre.

Luego estaba la descomposición en el maletero. No solo el maletero emitía el olor a muerte cuando fue recuperado del lote de vehículos incautados, sino que un perro cadavérico "marcó" el lugar. Por supuesto, el hecho de que el cuerpo de Caylee fuera descubierto a solo un cuarto de milla de la casa de los Anthony también era otra pieza de evidencia circunstancial en contra de Casey.

También estaban las búsquedas en Google. Una búsqueda en la computadora del hogar de los Anthony reveló que alguien había estado haciendo investigaciones bastante "interesantes". Las frases "quebrar el cuello" y "cómo hacer cloroformo", entre otras frases macabras, fueron ingresadas numerosas veces, siendo las búsquedas relacionadas con cloroformo más de 84 veces.

El caso de la acusación era simple: Casey Anthony sofocó a Caylee en frío porque ya no quería ser madre. También se usó otra evidencia que mostraba a Casey divirtiéndose y pasándola bien antes y después de que Caylee desapareciera.

La defensa sin duda tenía trabajo por delante, pero Baez estaba a la altura de la tarea. Solo necesitaba generar dudas en la mente del jurado, y si podía hacerlo, entonces habría una posibilidad de que Casey saliera libre. La otra opción era que pudiera ser encontrada culpable del cargo menor de homicidio involuntario y posiblemente recibir tiempo cumplido o cumplir muy poco tiempo en una prisión estatal.

Así que Baez decidió utilizar una estrategia de culpabilidad reducida. Argumentó que Caylee murió ahogada accidentalmente y que Casey era culpable de ser negligente y posiblemente una mala madre, pero en ningún caso culpable de asesinato en primer grado.

Baez manejó hábilmente algunas de las mentiras más flagrantes de Casey, pero culpó a George Anthony por la disposición del cuerpo de Caylee. Afirmó que Casey solo escuchaba a su padre porque le temía tras años de abuso sexual y físico. No hace falta decir que las acusaciones de abuso fueron el último puente que se quemó entre Casey y el resto de su familia.

El veredicto y sus consecuencias

Después de casi dos meses de testimonios, el caso pasó al jurado. Para los comentaristas y la mayor parte de América, el veredicto parecía una conclusión inevitable. Seguramente la declararían culpable de asesinato, pensaba la mayoría. Después de todo, Casey no se ayudó a sí misma cuando pareció reírse en un momento en el que un médico forense describía las heridas de su hija. Pero el jurado vio las cosas de manera diferente a la mayoría de América.

El 5 de julio de 2011, el jurado anunció que había encontrado a Casey Anthony no culpable de asesinato en primer grado, homicidio involuntario y abuso infantil en grado felonioso, pero culpable de delitos menores relacionados con sus mentiras a la policía. Fue condenada a tiempo cumplido y se le ordenó pagar $4,000 en multas. Lo más importante, Casey Anthony era libre para ir a cualquier lugar en América, o del mundo.

Las reacciones al veredicto fueron rápidas e intensas. Nancy Grace y la mayoría de los otros comentaristas de los medios estaban en shock—al menos actuaron así—y casi dijeron que los jurados eran tontos. Por su parte, la mayoría de los jurados han evitado la atención mediática desde el juicio, pero aquellos que han tenido el valor de dar entrevistas han afirmado que simplemente no creían que hubiera suficiente evidencia para condenar.

El juez presidente, Belvin Perry, también intentó evitar la mayor parte del escrutinio mediático, pero ofreció una opinión interesante sobre lo que creía que había ocurrido. "Lo más lógico que sucedió fue que ella trató de dejar a su hija inconsciente mediante el uso de cloroformo y le dio demasiado, lo que causó la muerte de su hija," dijo Perry. Sin embargo, nunca se ha establecido por qué Casey sintió la necesidad de "dejar a su hija inconsciente".

Varios políticos en Estados Unidos también sintieron la necesidad de involucrarse proponiendo "la Ley Caylee" en algunos estados. Las diferentes versiones de la Ley Caylee convierten en un delito grave no reportar a un niño desaparecido a la policía. Muchos cuestionaron si decía más sobre nuestra sociedad que tal ley necesitara ser promulgada o que tardara tanto en hacerse.

Para la familia Anthony, las secuelas han sido devastadoras. Casey ahora está distanciada de toda su familia, que se queda recogiendo los pedazos tras la muerte de Caylee y el daño que se ha hecho a sus buenas reputaciones. Aunque pocas personas creyeron en las acusaciones que Baez hizo contra George y Lee Anthony, algunos sí lo hicieron. Perder a su familia no significó mucho para Casey, aparte de haber perdido un lugar estable donde quedarse.

Casey tuvo que esconderse debido a numerosas y creíbles amenazas de muerte tras el juicio. Decidió quedarse en Florida y se dice que está en una relación y viviendo con un hombre llamado Patrick McKenna, quien fue uno de los investigadores privados en su equipo de defensa. Casey ha solicitado la bancarrota debido al enorme costo incurrido por el juicio. Baez le ha facturado más de $300,000, el Departamento del Sheriff del Condado de Orange otros $200,000, y la empresa privada Egisearch le envió una factura de $400,000.

Anthony ha dado pocas entrevistas desde el juicio y ha sido difícil localizarla, pero en una entrevista de 2017, dio una respuesta muy reveladora cuando se le preguntó qué pensaba sobre su imagen. "No me importa lo que nadie piense de mí," dijo Anthony. "No me importa eso. Nunca me importará. Estoy bien conmigo misma. Duermo bastante bien por la noche."

Capítulo 3 - Kelly Turner

Una de las tristes realidades del mundo en que vivimos es que hay muchas personas que no quieren trabajar para ganarse la vida. Estas personas prefieren que otros trabajen para ellos, victimizar a otros por dinero, o ambas cosas. La mayoría de este tipo de gente puede ser ignorada, siempre y cuando no caigas en una de sus estafas, pero eso se vuelve más difícil cuando hay niños involucrados. Aquellos que usan a los niños para sus fraudes son sin duda los peores de todos los criminales.

Desafortunadamente, esta es una situación que ocurre con demasiada frecuencia en todo el mundo. Se sabe de padres que enseñan a sus hijos a mendigar, mentir y robar dinero. También hay muchos casos en los que los padres usan a sus hijos para defraudar al gobierno y obtener beneficios gubernamentales. Estos son ciertamente casos de abuso infantil, pero incluso en esos casos, por retorcidos que sean, los padres en cuestión suelen tener algún tipo de amor por sus hijos. Puede que no estén pensando en las consecuencias a largo plazo de sus acciones y cómo afectarán a sus hijos, pero en sus mentes, están cometiendo esos delitos al menos en parte por ellos.

Pero luego están los casos raros en los que el padre ve a sus hijos como poco más que una gallina de los huevos de oro que puede ser desechada una vez que ya no sean útiles. O peor aún, aprenden que el acto de deshacerse de su hijo puede reportarles aún más dinero. Esto es lo que ocurrió en el caso de Kelly Turner, una madre de Colorado.

Kelly Turner era una joven madre soltera que, en 2015, anunció en las redes sociales que su hija de 5 años, Olivia, sufría de una serie de enfermedades potencialmente terminales. Los desgarradores mensajes que Kelly publicaba en sus cuentas de redes sociales y en su página de GoFundMe resultaron en que personas bien intencionadas le donaran más de $22,000. Además, Kelly obtuvo más de $500,000 en atención médica para su hija a través de Medicaid.

Pero las cosas nunca cuadraron con Kelly. Cuando las autoridades de Colorado comenzaron a hacer preguntas en 2017, Olivia sucumbió repentinamente a sus enfermedades. ¿O no?

En lo que solo puede describirse como uno de los giros más crueles en uno de los casos más desgarradores de la muerte de un niño, parece que todo fue una gran estafa perpetrada por Kelly Turner. Olivia estaba enferma y, lamentablemente, murió, pero ahora parece que su madre planeó su larga y dolorosa muerte solo por un poco de dinero y simpatía.

Kelly Renee Turner

Kelly Renee Gant nació en 1978 en el área de Houston, Texas. En este momento, es un poco misteriosa, aparte de que posiblemente fue criada en un hogar abusivo. Creció en el área de Houston, pero se sabe poco más sobre su vida temprana. Se casó, tuvo una hija y luego Olivia nació en 2010, pero el matrimonio no duró.

Basándonos en una combinación de declaraciones de quienes la conocían y de los actuales procedimientos judiciales, hay algunas cosas que se saben sobre Kelly Turner. Kelly era el tipo de persona que podía mezclarse en una multitud y desaparecer. No era particularmente atractiva, ni inteligente o carismática, y nunca parecía tener un trabajo. Pero era amigable y parecía ser una buena madre para sus hijas. Tenía una red razonable de amigos en Texas, aunque nunca parecía estar cerca de su familia. Algunos de sus amigos notaron su falta de relación con la familia, pero no pensaron mucho en ello porque esas relaciones son más comunes hoy en día.

Las cosas no eran fáciles para Kelly y sus hijas. Dado que Kelly nunca trabajaba, tenía que depender del padre de sus niñas y del estado de Texas para sus gastos de vida relativamente escasos. Además de sus problemas financieros, Kelly les dijo a sus amigos que a Olivia le habían diagnosticado una plétora de problemas médicos en 2013. Y luego, tan rápidamente como Kelly les contó a sus amigos sobre los problemas de Olivia, decidió que se mudarían al área de Denver, Colorado.

"Cuestioné su mudanza a Denver porque Houston tiene un hospital infantil de renombre mundial", dijo su amiga Ruby King. "¿Por qué vivirías en otro lugar?"

Sí, parecía un movimiento muy extraño para una mujer en la situación de Kelly. Además de las instalaciones médicas superiores que tenía Houston, Kelly también tenía una red de apoyo en Texas y Olivia tenía a sus amigos. Pero Colorado tiene mejores beneficios gubernamentales.

Ahora parece que Kelly Turner se mudó a Colorado únicamente para estafar al gobierno federal, al estado de Colorado y a la buena gente de Colorado por su dinero. Kelly no tenía intención de trabajar en Colorado, pero tenía una máquina de hacer dinero lista en forma de su hija "enferma". El hecho de que nadie la conociera en Colorado hacía que sus planes a largo plazo fueran aún más alcanzables.

Comenzó defraudando a Medicaid en 2014 haciendo afirmaciones falsas sobre la salud de Olivia. A veces, llevaba a Olivia a los médicos, aparentemente para establecer un grado de legitimidad en sus afirmaciones. Los médicos también diagnosticaron a Olivia con una serie de enfermedades, lo que significaba que se enviaban cheques a Kelly. Pero dado que Kelly solo intentaba obtener dinero, una vez que se hicieron los diagnósticos y el gobierno acordó pagar, dejó de llevar a Olivia para recibir tratamiento. A principios de 2015, Kelly había desarrollado una historia muy intrincada sobre la enfermedad de su hija.

Encefalomiopatía Neuro Gastrointestinal

El síndrome de encefalomiopatía neuro gastrointestinal mitocondrial, a menudo abreviado como encefalomiopatía neuro gastrointestinal, es una enfermedad rara que afecta la capacidad de quienes la padecen para digerir los alimentos correctamente. La enfermedad puede ser bastante dolorosa e incluso cuando se trata, puede llevar a la muerte. A menudo comienza en el sistema digestivo, pero puede evolucionar y atacar muchos de los órganos vitales del cuerpo.

A principios de 2015, Kelly comenzó a decirles a sus amigos y familiares en persona y en las redes sociales que Olivia estaba afligida con esta rara enfermedad y que necesitaba sus oraciones y apoyo—y lo más importante, ¡su dinero!

Kelly Turner puede que no sea la mujer más inteligente, pero es astuta y está completamente al tanto de las tendencias. Cuando comenzó su estafa a largo plazo de usar a su hija para defraudar a agencias gubernamentales e individuos privados, sabía que Internet y las redes sociales eran la clave para ganar mucho dinero.

Lo primero que hizo Kelly fue crear un blog llamado "Oraciones por Olivia Gant" en 2015. El sitio web daba actualizaciones sobre la "condición" de Olivia, mostraba fotos de ella y Kelly, y permitía a amigos, familiares y desconocidos dejar mensajes y palabras de apoyo. El blog también listaba información de contacto detallando cómo aquellos realmente preocupados podían donar dinero. Finalmente, y lo más importante, el blog dirigía a los interesados a la página de GoFundMe de Olivia.

En los últimos años, GoFundMe se ha convertido en una forma popular para que las personas recauden dinero para una variedad de cosas diferentes. El sitio web es extremadamente fácil de usar; en cuestión de minutos, una persona puede poner una página solicitando donaciones desde cualquier rincón del mundo. Las fotos y el texto adicional son opcionales, pero en el caso de la cuenta de Olivia, Kelly se aseguró de publicar muchas fotos de la adorable niña.

En el texto de la página, se afirmaba: "Esperamos apoyo tanto financiero, como espiritual y emocional. Este será un tiempo difícil no solo para Kelly (mamá) y Olivia, sino también para las hermanas de Olivia y los amigos y familiares que estén dispuestos a ayudar durante este tiempo."

Y muchas personas estaban dispuestas a intervenir y ayudar a Olivia y a su madre. La cuenta eventualmente superó los $20,000, lo que permitió a Kelly mudarse con sus hijas a un apartamento mejor. La mayoría no pensó mucho en la mudanza, ya que mejores condiciones de vida eran ciertamente algo que un niño terminalmente enfermo necesitaría. Pero entonces, una bombilla, aunque muy tenue, se encendió en la cabeza de Kelly Turner.

Razonó que, dado que la supuesta enfermedad de Olivia les había conseguido mucho dinero, tal vez también podría atraerles algo de fama y atención. La mayoría de las personas que están en medio de cometer un crimen tan grave tratan de evitar la atención, pero Kelly Turner parecía desearla más cuanto más se adentraba en su estafa.

Kelly acudió a la Fundación Make a Wish en el área de Denver, que encontró la historia de Olivia creíble y desgarradora. Los deseos de Olivia eran relativamente modestos y bastante económicos. Participó en algunas patrullas nocturnas con la policía local y la Fundación Make a Wish le organizó una fiesta con temática de Batgirl. Las cámaras de noticias locales documentaron la mayoría de los eventos, con Olivia pareciendo genuinamente feliz. Kelly también estuvo allí en todo momento, a veces robando gran parte del protagonismo de su hija mientras los reporteros intentaban hacer preguntas. Este era el momento de brillar para Kelly, y si su hija tenía que morir en el proceso, ¡que así fuera!

Olivia pierde su batalla

Para el verano de 2017, la condición de Olivia había empeorado gravemente. Ninguno de los medicamentos y tratamientos que le daban a Olivia parecía funcionar. Estaba constantemente enferma y con dolor, por lo que sus médicos aconsejaron que fuera ingresada en un hospicio donde pudiera recibir atención las 24 horas. Olivia Gant finalmente perdió su batalla contra su madre en agosto de 2017.

Los médicos del Hospital Infantil de Colorado que habían cuidado de Olivia y conocían su caso se mostraron inmediatamente suspicaces. Parecía extraño que Kelly hubiera dejado de llevar a Olivia para recibir tratamientos después de que el gobierno acordara pagar. La enfermedad que Kelly afirmaba que tenía nunca fue diagnosticada definitivamente y la causa precisa de su muerte permaneció desconocida. Los médicos sabían que había estado sufriendo durante algún tiempo y que su pequeño cuerpo simplemente cedió, pero no podían decir con certeza qué la mató.

Luego, la hermana mayor de Olivia se enfermó. Este giro de eventos hizo que los médicos examinaran más de cerca toda la situación y los llevó a llamar a los servicios humanos de Colorado. Los trabajadores sociales determinaron que ciertamente había indicios de algo sospechoso y que todo debía ser investigado, por lo que también se llamó a la policía local.

Los detectives de homicidios, que naturalmente tienden al escepticismo, también pensaron que las cosas no cuadraban. Sin embargo, dado que el certificado de defunción decía que Olivia había muerto por diversas enfermedades y no por homicidio, había poco que podían hacer. Al menos por el momento.

Los detectives sabían que algo terrible le había ocurrido a Olivia, así que mantuvieron el caso abierto y siguieron presionando a la oficina del fiscal del distrito para que buscara otras vías de investigación. Finalmente, en 2018, después de un año de investigación, un juez firmó una orden que permitió que el cuerpo de Olivia fuera exhumado por el fiscal del distrito. Se realizó otra autopsia más exhaustiva, revelando que la causa de la muerte de la pequeña era bastante diferente de lo que su madre había afirmado.

La autopsia reveladora

La autopsia mostró que Olivia no había recibido atención médica durante algún tiempo antes de su muerte y que estaba desnutrida. Aunque la autopsia no pudo determinar con precisión qué mató a Olivia, parecía ser el resultado de una prolongada falta de cuidado. Lo más importante, la autopsia demostró que Olivia no mostraba signos de las muchas enfermedades que su madre decía que tenía.

La noticia de la nueva autopsia se extendió rápidamente por Denver de boca en boca y a través de los medios locales, y eventualmente, a nivel nacional a través de las redes sociales. La gente estaba enojada y se sentía traicionada. "¿Cómo puede una madre victimizar a su hijo por lucro?" era la pregunta común. Era la pregunta que todos querían que se respondiera y solo podía ser respondida por Kelly Turner o en un tribunal.

¿Síndrome de Munchausen por Poder?

Kelly Turner fue acusada del asesinato en primer grado de Olivia Gant en octubre de 2019 y actualmente está esperando juicio en la cárcel del condado de Douglass, Colorado. La comunidad local respiró aliviada cuando Kelly fue arrestada y la policía fue elogiada por mantenerse firme con el caso.

"Estoy extremadamente orgulloso e impresionado con la determinación de todas las agencias involucradas, especialmente mis detectives. Aunque ha sido un caso extremadamente emocional, han investigado todos los aspectos con diligencia y profesionalismo", dijo el sheriff del condado de Douglass, Tony Spurlock.

Aunque el caso aún no ha llegado a juicio, basado en las pruebas descubiertas hasta ahora, parece que Kelly Turner pasará un tiempo considerable—probablemente el resto de su vida—detrás de las rejas. Mientras Turner avanza por el sistema legal, todos en Colorado esperan que responda a la pregunta que todos se hacen: ¿por qué?

Claramente hubo al menos un motivo de lucro para el asesinato de Olivia. Kelly nunca trabajó y no parecía interesada en tener un trabajo legítimo, y como demuestra su fraude a Medicare, también sabía cómo montar una estafa para obtener ganancias.

Pero muchas personas familiarizadas con el caso no creen que eso lo explique todo. Argumentan que Kelly podría haber realizado numerosas estafas financieras sin tener que matar a su hija, y mucho menos matarla de una manera tan lenta y agonizante. Algunos expertos creen que Kelly Turner muestra todos los signos del síndrome de Munchausen por poder.

El síndrome de Munchausen es un trastorno clínicamente reconocido en el que la persona afectada simula síntomas de una enfermedad para llamar la atención. Aquellos que cometen la enfermedad por poder eligen a otra persona, generalmente un niño o un adulto vulnerable, para ser el receptor de los síntomas fingidos. Algunos cercanos al caso piensan que Kelly puede tener este síndrome porque hay posibles evidencias de que ella fue víctima del mismo en su infancia.

Otras personas cercanas al caso no están convencidas y creen que Kelly Turner no es más que una cruel estafadora que usó a su hija para ganar algo de dinero y atención, antes de deshacerse de ella sin corazón. El caso probablemente irá a juicio a finales de 2020, pero si el sentimiento público es un indicio, las cosas no pintan bien para Kelly Turner.

Capítulo 4 - Megan Huntsman

El asesinato en serie tiene una apariencia decididamente masculina. Los asesinos en serie masculinos reciben la mayor atención mediática, ya que son el tema de la mayoría de los documentales y películas de ficción sobre asesinos en serie. Estadísticamente hablando, esta reputación está bien merecida, ya que los hombres constituyen alrededor del 90% de todos los asesinos en serie a lo largo de la historia.

Pero con un 10% restante, eso significa que las mujeres forman una minoría considerable de asesinos en serie. Entonces, ¿por qué no escuchamos más sobre las asesinas en serie?

Parte de la razón puede ser que las asesinas en serie generalmente no encajan en el molde mediático preestablecido de cómo la sociedad ve a los asesinos en serie. Se sabe que los asesinos en serie masculinos "cazan" a sus víctimas y a menudo lo hacen por placer y lujuria. Algunos de los asesinos en serie masculinos más conocidos—Ted Bundy, Jeffrey Dahmer, el Asesino BTK—violaron y torturaron a sus víctimas como parte de un ritual elaborado aunque enfermo y retorcido.

Fuera de Aileen Wuornos, quien disparó a siete hombres a finales de los 80 y principios de los 90, pocas asesinas en serie cazan a sus víctimas y aún menos parecen estar impulsadas por un impulso sádico sexual. Las asesinas en serie femeninas también tienden a matar a aquellos más cercanos a ellas.

Uno de los tipos más comunes de asesinas en serie a lo largo de la historia ha sido el de las llamadas "viudas negras." Estas son mujeres que matan a sus maridos y parejas, generalmente por ganancia financiera pero a veces también por la emoción del asesinato.

El arma más comúnmente utilizada por las viudas negras es el veneno, que va desde sedantes y tranquilizantes hasta etilenglicol (anticongelante). Una de las viudas negras más famosas de la historia reciente es la canadiense Melissa Ann Shepard, quien puede haber asesinado a tres de sus maridos durante los años 90 y 2000. Más adelante en este libro hablaremos de una notoria viuda negra que usaba anticongelante.

Las llamadas "ángeles de la muerte" son otro tipo común de asesino en serie, aunque este tipo no es necesariamente específico solo de mujeres. Estos tipos de asesinos matan a aquellos que están a su cuidado, reclamando a sus víctimas en hospitales, residencias de ancianos y hogares privados. Muchos de estos asesinos son enfermeras profesionales, como Kristen Gilbert, quien mató a cuatro personas bajo su cuidado en hospitales de Massachusetts durante la década de los 90.

El caso de Megan Huntsman tiene algunas similitudes con los casos de viudas negras y ángeles de la muerte, pero en otros aspectos, es verdaderamente único de una manera muy retorcida. Al igual que un ángel de la muerte, Huntsman mató a seis de sus hijos que estaban bajo su cuidado, pero como una viuda negra, lo hizo para sacarlos de su vida. Sin embargo, a diferencia de una viuda negra, que generalmente mata por motivos financieros, Huntsman mató para poder consumir metanfetaminas.

Puede que Megan Huntsman no obtuviera placer del acto de matar en sí, pero no hay duda de que mató para obtener placer. Estaba impulsada por la adicción a las drogas y la sensación que estas le daban. Estaba tan dominada por esa adicción que mató a seis de sus hijos recién nacidos para poder seguir consumiendo drogas.

Una Falta de Confianza

Megan Huntsman nació en 1975 en una familia de clase media en los suburbios de Salt Lake City, Utah. Durante su adolescencia, Megan desarrolló su apariencia y resultó ser una atractiva morena menuda, pero según su madre Joyce, le faltaba confianza.

Megan era una estudiante promedio, y aunque se llevaba bien con sus profesores y compañeros, no tenía muchos amigos. Pero un amigo que sí tenía era Darren West.

West también era un solitario con un lado un poco salvaje. Le gustaba salir de fiesta y a menudo bebía alcohol y fumaba marihuana mientras estaba en el instituto. Megan se sentía definitivamente atraída por el solitario chico malo, pero él también la trataba bien y parecía tener el potencial de ser un buen proveedor, así que cuando le propuso matrimonio, ella aceptó de inmediato. Megan se casó a los 18 años y quedó embarazada de su primer hijo poco después.

Aunque Megan y Darren eran una pareja joven e inexperta, según todos los informes, eran buenos padres para las dos hijas que tuvieron a principios de los años 90. Sin embargo, a mediados de la década, las cosas comenzaron a desmoronarse lentamente. Darren y Megan siempre habían disfrutado un poco de la fiesta bebiendo, pero después de unos años de matrimonio, la bebida se convirtió en un problema. La pareja a menudo peleaba frente a sus hijos cuando estaban borrachos. En otras ocasiones, uno o ambos desaparecían durante días enteros en borracheras. Pero las borracheras no eran nada comparadas con los atracones de metanfetaminas.

No Tan Agradable Grove, Utah

La pareja eventualmente se mudó a una casa propiedad de la familia de Darren en Pleasant Grove, Utah. La familia de Darren esperaba que la casa trajera algo de estabilidad a la situación familiar cada vez más caótica, especialmente para los niños. Nadie de las familias West o Huntsman sabía hasta qué punto Darren y Megan habían caído en la adicción, ni nadie podría haber imaginado cuán depravada se volvería Megan.

Para mediados de los años 90, la pareja se había convertido en grandes consumidores de metanfetaminas, sin que ninguno tuviera un trabajo legítimo. Sus hijas eran una ocurrencia tardía en sus vidas, que se centraban casi exclusivamente en drogarse y conseguir más metanfetaminas para drogarse. Los dos desarrollaron hábitos que costaban cientos de dólares al día, los cuales eran financiados por Darren vendiendo y fabricando metanfetaminas. Las actividades de Darren mantenían un flujo constante de metanfetaminas entrando en su hogar en Pleasant Grove, pero él también estaba mucho tiempo fuera, por lo que no veía cuán mal estaban las cosas.

La apariencia de Megan se deterioró rápidamente. Su piel se arrugó y envejeció y comenzó a perder sus dientes, pero aún así seguía aspirando y luego fumando cada vez más metanfetaminas. La caída de Megan y Darren en la adicción a las drogas no les impidió tener relaciones sexuales ni que Megan quedara embarazada al menos ocho veces desde finales de los años 90 hasta 2006. Los embarazos eran un problema para Megan porque interferían seriamente con su consumo de metanfetaminas.

Megan Huntsman no iba a permitir que nadie ni nada se interpusiera en el camino de su pipa de metanfetaminas. Según todos los informes, Megan pudo mantener la mayoría de sus embarazos en secreto para su familia, amigos e incluso para Darren, o al menos eso dicen ambos. Debido a su fuerte consumo de metanfetaminas, Megan generalmente no subía mucho de peso durante sus embarazos y cuando lo hacía, usualmente no era mucho y podía afirmar que era un aumento de peso normal. Cuando llegaba el momento del parto, simplemente iba al garaje y daba a luz.

Lo que venía después era verdaderamente horripilante. Megan cortaba el cordón umbilical que la conectaba con su recién nacido y fríamente ponía su pulgar sobre la garganta del bebé, apagando su vida en cuestión de minutos. También envolvía una goma para el pelo alrededor del cuello de su víctima al menos una vez.

No solo eran las víctimas de Megan la definición de la palabra vulnerable, debido al uso extremo de drogas por parte de Megan, sino que también estaban en muy mala salud cuando nacían. Después de reclamar una víctima, Megan ponía al niño en una caja u otro tipo de pequeño contenedor, casi como un ataúd, y lo guardaba en un rincón del garaje. En este punto, es difícil decir si estaba guardando los cuerpos como un retorcido memorial o si los preservaba como un recuerdo, similar a otros asesinos en serie más "tradicionales".

En medio de su ola de asesinatos, Huntsman tuvo que dejar vivir a uno de sus hijos en el año 2000. Más tarde dijo que la única razón por la que dejó vivir a su hija fue porque su embarazo comenzó a notarse más de lo habitual y, por lo tanto, habría sido imposible encubrir el crimen. Esto demuestra que, a pesar de estar en un delirio inducido por la metanfetamina durante una década, Megan Huntsman aún sabía distinguir entre el bien y el mal. Y premeditó el asesinato de todos sus hijos recién nacidos.

La situación en la casa de los West tomó otro giro cuando Darren fue arrestado por cargos federales de drogas en 2006. Una operación de la DEA en Utah atrapó a Darren en su red de distribuidores y fabricantes de nivel medio. Después de ser acusado de una lista muy larga y muy seria de crímenes, Darren se declaró culpable de poseer químicos destinados a la fabricación de metanfetaminas. Fue sentenciado a 12 años en una prisión federal.

La vida de Megan dio algunos giros drásticos mientras su esposo estaba en prisión. Sin su flujo constante y confiable de metanfetaminas, el consumo de drogas de Megan disminuyó, aunque no terminó por completo. Usaba la droga cuando podía, pero el alcohol se convirtió en su droga preferida después de 2006.

La pareja también se divorció mientras Darren estaba en prisión. Las largas sentencias de prisión a menudo terminan con las relaciones, y la separación que ambos experimentaron les hizo darse cuenta de que, a pesar de tener tres hijas juntas, probablemente estarían mejor separados. Parecían alimentarse mutuamente de sus energías negativas y adicciones.

Megan dejó de tener hijos y parecía haberse tranquilizado, pero después del divorcio, se le pidió que abandonara la casa familiar en Pleasant Grove. La familia de Darren todavía era propietaria de la casa y no querían que su exesposa, a quien culpaban por muchos de los problemas de Darren, siguiera viviendo allí a su costa. Así que Megan se mudó a un parque de casas rodantes en la cercana ciudad de West Valley City, Utah.

Cuando Darren West fue liberado de prisión a principios de 2014, regresó a la casa que una vez compartió con Megan Huntsman y sus tres hijas. Aún tenía contacto con su exesposa porque su hija menor seguía siendo menor de edad, pero intentaba evitarla en la medida de lo posible. En abril de 2014, decidió limpiar la casa con la intención de deshacerse de todos los malos recuerdos de su pasado lleno de metanfetaminas. Cuando llegó al garaje, encontró más de lo que podría haber imaginado.

Escondida detrás de varias cajas de tamaño mediano, West encontró una pequeña caja cubierta con cinta aislante. No recordaba haber puesto allí esa caja curiosa, pero gran parte de finales de los 90 y principios de los 2000 era un borrón inducido por las drogas. Cortó la cinta con una navaja, abrió la caja y se horrorizó al encontrar lo que parecían ser los restos de un bebé humano. Llamó inmediatamente a la policía local.

Los detectives del Departamento de Policía de Pleasant Grove llegaron a la casa de los West en menos de una hora y comenzaron su investigación. Por supuesto, eran escépticos respecto a West y lo consideraban un posible sospechoso, pero el hecho de que él llamara y permitiera que registraran la casa lo hizo parecer menos culpable.

Después de una búsqueda exhaustiva en la casa, la policía encontró los cuerpos de siete bebés más escondidos en pequeñas cajas. Las pruebas de laboratorio revelaron más tarde que uno de los bebés nació muerto, pero los otros fueron asfixiados. La policía necesitaba hablar con Megan Huntsman.

Megan no fue difícil de localizar y también estaba bastante dispuesta a hablar. Parecía aliviada cuando la policía le preguntó sobre los cuerpos de los bebés que estaban escondidos en su antiguo garaje. Megan Huntsman admitió todo, pero lo peor es que ni siquiera sabía cuánto daño había causado.

Huntsman confesó haber matado a todos sus bebés excepto uno, afirmando que lo hizo porque no podía alimentar más bocas mientras alimentaba su adicción a las metanfetaminas. El único que no mató nació muerto, sin duda como resultado de la adicción de Huntsman a las metanfetaminas. Dicho esto, Huntsman pudo ofrecer pocos detalles a la policía sobre los asesinatos reales, aparte de decir que asfixió a sus bebés.

Su mente estaba tan nublada por las metanfetaminas en 2014 que ni siquiera sabía cuántos de sus bebés había matado. Supuso que eran ocho o nueve, pero no estaba muy segura. Megan estaba segura de que su esposo no estaba involucrado.

Puede ser difícil de creer que su esposo no estuviera involucrado en ninguno de los asesinatos o que ni siquiera supiera que su esposa estaba embarazada, pero se debe recordar que él también pasó más de diez años en una niebla inducida por las metanfetaminas. Por esas razones, y porque fue la persona que llamó a la policía, Darren West nunca ha sido acusado en relación con los asesinatos de sus seis hijos recién nacidos.

Declaración de Culpabilidad

Aunque Megan Huntsman confesó a la policía, se declaró no culpable de los cargos de asesinato en primer grado. Por supuesto, esto fue más una maniobra legal que otra cosa. Utah tiene pena de muerte y en un estado conservador con altas tasas de natalidad, hay una buena probabilidad de que cualquier jurado no solo encontrara a Huntsman culpable, sino que también la sentenciaría a muerte.

Así que siguió el proceso de las audiencias, pero en abril de 2015, aproximadamente un año después de ser arrestada, Huntsman decidió declararse culpable de los seis cargos de asesinato en primer grado, siempre y cuando la fiscalía quitara la pena de muerte de la mesa.

El juez le impuso a Megan seis sentencias de cinco años a cadena perpetua. Tres de las sentencias deben cumplirse consecutivamente, lo que significa que Huntsman debe cumplir un mínimo de 49 años tras las rejas antes de ser elegible para libertad condicional. Huntsman tenía 40 años cuando fue sentenciada, por lo que tendrá 89 años antes de ser siquiera considerada para su liberación.

"No creo que alguna vez sea liberada," dijo el fiscal Jeff Buhman en una entrevista posterior. Pero Megan Huntsman tendrá una vida tras las rejas, en cierto modo. Se le permitirán ciertos privilegios, como visitas familiares si se mantiene fuera de problemas. Y, por terribles que fueran sus crímenes, Huntsman aún cuenta con el apoyo de algunos miembros de su familia.

La madre de Megan todavía la apoya, culpando en gran medida a la adicción a las drogas y a Darren West. Lo más importante es que las dos hijas mayores de Huntsman aún la apoyan y planean visitarla en prisión.

Para la gente del usualmente tranquilo estado de Utah, el crimen de Megan Huntsman es imposible de comprender. Las personas temerosas de Dios y conservadoras del estado no pueden entender cómo una madre podría matar a su hijo, y mucho menos llevar a cabo una serie de asesinatos con sus propios hijos.

El gobernador de Utah, Gary Herbert, quizá resumió mejor la actitud de la gente de su estado. "No podemos entenderlo ni sacar ninguna conclusión racional sobre el porqué," señaló en una entrevista. "Es una tragedia tan grande. Sospecho que hay problemas de salud mental que desconocemos. Simplemente me entristece."

Capítulo 5 - Michelle Blair

Hay que ser una persona dura para vivir en algunos de los barrios más peligrosos de Estados Unidos, especialmente en Detroit, Michigan. Detroit suele ocupar los primeros puestos en todos los índices más negativos: la pobreza, la delincuencia y las tasas de homicidios están entre las más altas de Estados Unidos, y en algunas categorías es comparable a muchas ciudades de países en desarrollo, lo que la convierte en uno de los lugares menos deseables para vivir en el país.

Es cierto que hay muchas personas buenas en Detroit, pero los ladrones, miembros de bandas, traficantes de drogas y asesinos hacen de la ciudad un infierno para mucha gente. Desafortunadamente, Detroit tiene muchas personas "frías" que no tienen consideración por la vida humana.

Uno de los habitantes más fríos de Detroit es una criminal que mató a dos personas en 2012. Esta criminal no asesinó a delincuentes rivales ni a personas al azar por unos pocos dólares—las víctimas de esta criminal fueron sus propios hijos.

La asesina a sangre fría en cuestión es una mujer de mediana edad llamada Michelle Blair, quien descargó su odio y rabia acumulada durante toda su vida en aquellos a quienes se suponía debía amar y proteger: su hija de 13 años y su hijo de 9 años. Tras matar a sus hijos, Blair demostró cuán fría era al guardar sus cuerpos en un congelador.

Más tarde, Blair afirmó que su hijo menor, que sobrevivió, estaba siendo abusado sexualmente por sus hermanos, lo que la llevó a matarlos. La policía no tardó en determinar que su historia no solo era una mentira, sino que además encubría abusos mucho mayores que ocurrían en el hogar de Michelle Blair.

Detroit es una ciudad realmente dura y los investigadores de homicidios que trabajaron en el caso de Michelle Blair ya habían visto su parte de asesinatos espeluznantes, pero cuando sacaron los cuerpos de Stoni y Stephen del congelador, incluso los investigadores más experimentados sintieron náuseas.

Pero el descubrimiento de los cuerpos en el congelador fue solo la punta del iceberg. Los investigadores descubrieron que Michelle Blair era una mujer que no debería haber tenido ni un solo hijo, y mucho menos cuatro. Tenía un temperamento extremadamente corto, que descargaba rutinariamente sobre sus indefensos hijos. Para Stoni y Stephen Blair, vivir con su madre era una sesión de tortura continua llena de dolor y miseria interminables. No tenían a dónde acudir y nadie les ayudaba, ni siquiera otros miembros de su familia extendida.

Una vida de pobreza, crimen y abuso

No cabe duda de que Michelle Blair tuvo una vida difícil cuando era niña en Detroit. Creció en un hogar inestable con abundante crimen y pobreza a su alrededor. Fue criada por una madre soltera que no le dio mucha orientación y que, según se informa, no la protegió adecuadamente, ya que se dice que Michelle fue abusada sexualmente cuando era niña.

Blair aprendió

La asesina a sangre fría en cuestión es una mujer de mediana edad llamada Michelle Blair, quien desahogó toda su ira y odio acumulados durante su vida en aquellos a quienes debía amar y proteger: su hija de 13 años y su hijo de 9 años. Una vez que los mató, Blair demostró lo fría que era al guardar sus cuerpos en un congelador.

Más tarde, Blair afirmó que su hijo menor, el único sobreviviente, estaba siendo abusado sexualmente por sus hermanos, y que por eso los mató. La policía no tardó en determinar que su historia no solo era una mentira, sino que además encubría abusos mucho mayores que ocurrían en el hogar de Michelle Blair.

Detroit es realmente una ciudad dura, y los investigadores de homicidios que trabajaron en el caso de Michelle Blair ya habían visto su parte de asesinatos espeluznantes, pero cuando sacaron los cuerpos de Stoni y Stephen del congelador, incluso los investigadores más experimentados sintieron náuseas.

Pero el descubrimiento de los cuerpos en el congelador fue solo la punta del iceberg. Los investigadores descubrieron que Michelle Blair era una mujer que no debería haber tenido ni un solo hijo, y mucho menos cuatro. Tenía un temperamento extremadamente corto, que descargaba rutinariamente sobre sus indefensos hijos. Para Stoni y Stephen Blair, vivir con su madre era una sesión de tortura continua, llena de dolor y miseria interminables. No tenían a dónde acudir ni quién les ayudara, ni siquiera otros miembros de su familia extendida.

Una vida de pobreza, crimen y abuso

No hay duda de que Michelle Blair tuvo una vida difícil cuando era niña en Detroit. Creció en un hogar inestable rodeada de crimen y pobreza. Fue criada por una madre soltera que no le brindó mucha orientación y, al parecer, no la protegió, ya que se decía que Michelle había sido abusada sexualmente cuando era niña.

Blair aprendió una versión mucho más dura de la vida de lo que la mayoría recibe. Aprendió que el crimen y los "trapicheos" eran la forma más rápida de salir adelante en la vida y que tener relaciones sexuales no tenía importancia y podía usarse como herramienta para obtener lo que se deseaba. Michelle se volvió sexualmente activa siendo adolescente y rápidamente se convirtió en madre soltera.

Para finales de la década de 2000, Michelle Blair tenía cuatro hijos con dos hombres diferentes, ninguno de los cuales pagaba manutención infantil. Ambos padres de los hijos de Blair eran delincuentes habituales y estaban constantemente en la cárcel o prisión, lo cual es parte de la razón por la que no apoyaban financieramente a sus hijos; pero no hay indicios de que hubieran hecho algún esfuerzo de todos modos, ya que rara vez los visitaban cuando no estaban encarcelados.

Michelle Blair no era una santa. Tuvo numerosos encuentros con la ley, aunque la mayoría de los cargos eran menores y nada que le impidiera recibir asistencia pública. Michelle Blair nunca mostró mucho instinto maternal hacia sus hijos, pero evitaba usar anticonceptivos porque cuantos más hijos tenía, más dinero recibía del gobierno.

La asistencia gubernamental rápidamente se convirtió en un modo de vida para Michelle Blair. En Estados Unidos, recibir ayuda del gobierno no significa que no puedas trabajar. Muchos programas de ayuda estatal y federal están diseñados para ayudar a los beneficiarios con capacitación laboral y generalmente se les anima a encontrar trabajo. La ayuda no está destinada a ser permanente, por lo que además de los incentivos, existen varios mecanismos de presión, como que las agencias solo paguen una parte del alquiler del beneficiario.

A pesar de recibir ayuda para el alquiler, Michelle Blair generalmente tenía problemas para reunir las cantidades mínimas porque tenía dificultades para mantener trabajos a tiempo parcial. Decir que la vida de Michelle Blair era un desastre sería quedarse corto.

Michelle Blair puede haber nacido en condiciones desafortunadas, pero no hizo nada constructivo con su vida para cambiar eso. No dio ningún paso para aprender habilidades laborales, como capacitación vocacional, y nunca se tomó el tiempo para aprender sobre la gestión del dinero u otras habilidades básicas de la vida. ¿Entonces qué hacía Michelle Blair con su tiempo si no estaba trabajando, yendo a la escuela o haciendo algo de valor?

Las pruebas muestran que pasaba la mayor parte de su tiempo libre abusando y torturando a sus hijos. Su hija mayor, que tenía 17 años en 2015, contó a los investigadores que ella y sus hermanos menores eran rutinariamente golpeados y azotados con cables de extensión, palos y ramas de árboles, a menudo conocidos coloquialmente como "varas", y que eran quemados con planchas calientes. Según la hija de Blair, la más mínima cosa podía hacerla enfurecer. Si los niños peleaban, Blair podía elegir a uno para golpearlo o quemarlo con una plancha rizadora. Si Michelle tenía problemas de relación o si el cheque del gobierno no era tan grande como esperaba, entonces uno de sus hijos solía pagar las consecuencias.

La tortura continuó durante varios años, en parte debido a dos razones: los niños no asistían a la escuela y la familia extendida de Michelle no parecía preocuparse. De alguna manera, Michelle logró salirse con la suya al afirmar que sus hijos eran "educados en casa", aunque no hay registros oficiales de ellos tomando exámenes o aprobando grados. No hace falta decir que Michelle Blair estaba muy lejos de ser una educadora profesional, por lo que ciertamente no les estaba enseñando nada de valor.

Aun así, de alguna manera Blair logró mantener la farsa de la "educación en casa" de sus hijos sin llamar la atención de las autoridades. La familia extendida de Blair tampoco fue de ayuda para los niños. Según el hijo mayor de Blair, los miembros de la familia sabían sobre las palizas regulares, pero no pensaban que fueran tan graves y nunca dijeron nada, por lo que el abuso continuó. Sin embargo, en 2002, alguien denunció a Michelle Blair a los servicios sociales de Michigan.

Una trabajadora social visitó el hogar de los Blair, echó un vistazo y presentó un informe. En 2005, los servicios sociales recibieron otra denuncia sobre Michelle Blair, por lo que una trabajadora social fue enviada nuevamente a la casa. Al igual que en la primera visita, la trabajadora social no encontró nada fuera de lo común, por lo que se presentó el informe, pero no se tomó ninguna medida adicional.

Aún se desconoce quién presentó las denuncias de abuso contra Blair. Dado que el abuso en el hogar era tan grave, realmente podría haber sido cualquier persona: un familiar, un vecino, un repartidor de alimentos o incluso un lector de medidores.

Los asesinatos

Michelle Blair y sus pocos seguidores afirmaron posteriormente una variedad de razones para los asesinatos, diciendo esencialmente que no fueron planeados ni premeditados. Aunque probablemente sea cierto que Blair no planeó matar a sus hijos de la manera en que un asesino en serie mata a persona tras persona, sometió a ambos niños a sesiones de tortura inmensamente dolorosas que cualquier persona normal sabe que solo podían terminar en muerte.

Stephen, de nueve años, fue el primero en morir. Stephen nunca parecía hacer nada bien a los ojos de Blair. Siempre que los niños peleaban, como suelen hacer a esa edad, Stephen era culpado por ello. Si el hermano menor de Stephen hacía algo mal, Stephen era culpado por ello. Cualquier cosa mala que sucediera en la casa adosada de la familia era culpa de Stephen.

Cuando Blair abusaba de Stephen, particularmente le gustaba ahogar al niño indefenso. A menudo lo ahogaba con un cinturón, casi hasta el punto de la asfixia, antes de aflojarlo y dejarlo ir. También le gustaba envolver bolsas de plástico alrededor de su cabeza, cortando el suministro de aire hasta que estaba al borde de la inconsciencia. Luego, Blair reanimaba a Stephen y lo reprendía antes de dejarlo ir.

Blair también disfrutaba torturar a su hijo con agua caliente. Si percibía que Stephen se comportaba mal o si simplemente se sentía cruel—lo cual podía suceder cualquier día a cualquier hora—llenaba una bañera con agua hirviendo y hacía que Stephen sumergiera los pies hasta que se ampollaran. Blair también pensaba que era divertido sorprender a su hijo mientras se duchaba arrojándole agua hirviendo.

La tortura de Stephen continuó durante todo 2012, pero empeoró mucho durante el verano. Michelle ideó nuevas y más crueles formas de abusar de su hijo, como hacerle beber Windex y otros productos de limpieza doméstica.

Finalmente, el 30 de agosto de 2012, Michelle Blair llevó una de sus sesiones de tortura demasiado lejos. La razón por la cual envolvió una bolsa de plástico alrededor de su cabeza una última vez no está del todo clara y no importa. Stephen probablemente estaba demasiado débil después de haber sido abusado tanto y no pudo luchar más contra su madre. O tal vez simplemente se dio por vencido.

Lo que se sabe es que, ese día, Blair asfixió a Stephen y no volvió a despertarse como lo había hecho todas las veces anteriores. Cuando Michelle Blair miró el cuerpo sin vida de su hijo tendido en el suelo de la sala, seguramente sabía que tenía un problema. No había manera de explicar esto a los servicios de protección infantil ni a la policía local, así que sus instintos criminales entraron en acción: tenía que encubrir el crimen.

Michelle Blair nunca ha sido acusada de ser muy inteligente y tampoco era conocida por ser muy ambiciosa, así que su intento de encubrir el crimen reflejó su personalidad en muchos aspectos. Simplemente envolvió el cuerpo sin vida de Stephen en una manta y luego lo puso en un gran congelador en la casa. Michelle Blair era fría como el hielo.

Los otros hijos de Blair sabían del asesinato, pero sabían que era mejor no decir nada a las autoridades ni a nadie más. Cada uno de ellos sabía que podría ser la próxima víctima de su madre, así que decidieron mantener la boca cerrada. Los niños Blair aprendieron a mantener el abuso dentro de las paredes del hogar, aunque a largo plazo esto nunca les ayudó realmente. Con Stephen muerto, Michelle dirigió su ira hacia Stoni.

Michelle Blair no necesitaba una excusa para abusar de cualquiera de sus hijos. Sin embargo, parecía tener al menos un hijo para quien reservaba su peor abuso. En los meses posteriores al asesinato de Stephen, Blair comenzó a infligir gran parte de la misma tortura y abuso a Stoni. Luego, nueve meses después del asesinato de su hermano menor, Stoni cometió el error de decir que no le gustaban sus hermanos sobrevivientes.

En cualquier otra situación familiar, habría sido una declaración bastante inocua. Los niños dicen cosas así todo el tiempo sobre sus hermanos, y no había duda de que todavía estaba afligida por la muerte de su hermano menor. Stoni probablemente estaba confundida y enojada por toda la situación y extrañaba a su hermano. También probablemente tenía miedo de que le sucediera lo mismo. Y con razón. A Blair no le importaba escuchar eso de Stoni y no quería oír nada sobre Stephen.

Había matado a Stephen y supuestamente borrado su nombre de la memoria de la familia y ahora iba a hacer lo mismo con Stoni. Michelle agarró una camiseta que estaba tirada en el suelo desordenado de la casa y ahogó a Stoni con ella. Había ahogado a Stoni varias veces antes, pero al igual que con Stephen, esta vez fue demasiado lejos y asfixió a la adolescente hasta quitarle la vida.

Como Stoni tenía 13 años, era un poco más grande que Stephen, por lo que Blair necesitó ayuda para deshacerse de su cuerpo. Para esta tarea macabra, contó con la ayuda de su hijo mayor, que tenía 15 años en ese momento. El hijo mayor de Blair ni siquiera pensó en negarse a su madre en este punto. Pusieron a Stoni en el congelador junto a Stephen y Blair siguió con su vida. Ningún trabajador social, policía, ni siquiera los miembros de la familia extendida preguntaron por Stephen o Stoni. Era como si los dos niños hubieran desaparecido de la faz de la Tierra y a nadie le importara.

El desalojo

En su mayor parte, la vida continuó como siempre para Michelle Blair en los dos años posteriores a los asesinatos de Stephen y Stoni. Abusaba de sus hijos sobrevivientes pero tenía cuidado de no ir demasiado lejos y nadie hacía preguntas. No volvieron a llamar a los servicios sociales y Blair seguía cobrando su dinero del gobierno.

Los cuerpos de Stephen y Stoni se quedaron en el congelador y allí habrían permanecido si Blair hubiera hecho las cosas más básicas. Sus ingresos provenían casi en su totalidad de la asistencia gubernamental y el gobierno pagaba la mayor parte de su alquiler a través del programa Section Eight, pero ella tenía que aportar una pequeña parte cada mes.

Pero como Blair no parecía poder mantener ni los trabajos a tiempo parcial más fáciles, no pudo cumplir con los criterios mínimos de pago del programa Section Eight. Y si no pagas tu alquiler, incluso si estás en el programa Section Eight, eventualmente te desalojarán.

Sin embargo, no es como si el desalojo hubiera sido una sorpresa para Blair. Su casero le dio numerosas advertencias y el proceso de desalojo se llevó a cabo completamente de acuerdo con las normas, lo que significaba que se le dieron fechas para presentarse en el tribunal y finalmente se le notificó que el departamento del sheriff vendría a desalojarla. Por alguna razón, Blair decidió esperar en la casa adosada y dejar que el proceso siguiera su curso. O tal vez pensó que no la desalojarían porque era una madre soltera. De cualquier manera, se llevó una sorpresa cuando los agentes del departamento del sheriff aparecieron con un equipo de desalojo el 24 de marzo de 2015.

Sorprendentemente, el equipo de desalojo dijo más tarde que Blair parecía notablemente tranquila cuando comenzaron a sacar sus pertenencias a la acera. Sillas, cómodas y equipos electrónicos fueron llevados a la acera antes de que el equipo finalmente llegara a un gran congelador. Desenchufaron el congelador y lo abrieron para vaciarlo, pero se quedaron paralizados por lo que encontraron.

Estaban horrorizados al encontrar los cuerpos de dos niños congelados en el congelador. Los agentes en la escena habían visto mucho caos y asesinatos en las calles del condado de Wayne, pero esta era la primera vez que veían algo así.

Michelle Blair fue arrestada de inmediato y llevada a la comisaría para ser interrogada. Lo más importante, sus hijos fueron enviados a los servicios de protección del condado donde tuvieron su primera noche de sueño reparador en sus vidas.

Los detectives de homicidios que interrogaron a Blair estaban perturbados y confundidos por toda la situación. Querían saber no solo por qué Michelle había matado a dos de sus hijos, sino también por qué pensó que ponerlos en hielo durante dos años era una buena idea. El caso parecía tan disparatado y surrealista en tantos niveles diferentes.

Por su parte, Michelle Blair no negó haber matado a sus hijos, pero ofreció numerosas historias, a menudo contradictorias, para mitigar su culpa. Fue acusada rápidamente de dos cargos de asesinato en primer grado y encarcelada en la prisión del condado de Wayne sin derecho a fianza.

Los medios locales de Detroit hicieron del caso de Blair su máxima prioridad, no solo por la naturaleza atroz de los crímenes, sino también por los numerosos arrebatos de la acusada en el tribunal. Blair gritaba y vociferaba al juez, a los fiscales, a las cámaras e incluso a sus propios abogados. Si estaba pensando en llevar el caso a juicio, su comportamiento en la sala de audiencias habría sido suficiente para una condena.

Los abogados de Blair sugirieron que se declarara culpable de un cargo de asesinato en primer grado, lo que hizo en julio de 2015 a la edad de 36 años. La declaración de culpabilidad le brindó a Michelle Blair una última oportunidad para mostrar a Detroit y a América cuán disfuncional era. Para la mayoría de los acusados criminales, la allocución de culpabilidad es una oportunidad para mostrar contrición y, con suerte, obtener algo de clemencia por parte de los tribunales.

Para Michelle Blair, su declaración de culpabilidad fue una oportunidad para mostrar al mundo cuán fría era al dar al tribunal un dedo medio metafórico. En lugar de decir que lo sentía y pedir perdón, Blair culpó a los padres de sus hijos por no apoyarla más e incluso culpó a las víctimas por abusar sexualmente de su hijo menor. "Por horrenda que todos piensen que soy, está bien. Pero soy la única que no está mintiendo sobre nada", dijo Blair en su sentencia. Los investigadores no encontraron nada que pudiera sustentar las acusaciones de abuso. El juez no quedó impresionado con Blair, por decir lo menos. La condenó a cadena perpetua.

Michelle Blair ahora está donde pertenece en más de un sentido. Sin duda, debería estar en prisión el resto de su vida para mantener a salvo al resto de sus hijos, así como a otros en Detroit, pero también merece estar allí como castigo por sus crímenes a sangre fría. Hasta ahora, la prisión parece ser el lugar perfecto para Blair. Ha pasado la mayor parte de su tiempo en régimen de aislamiento, ya que no se lleva bien con sus compañeras reclusas ni con los guardias. Blair ha sido agredida por otras reclusas y, a su vez, ha agredido a otras reclusas e incluso ha lanzado orina sobre los guardias.

Las reclusas y los guardias del Departamento de Correcciones de Michigan pueden tener que lidiar con Michelle Blair durante décadas, pero al menos la gente de Detroit finalmente se ha librado de ella.

Capítulo 6 - Diane Downs

E s muy probable que hayas visto en algún momento de tu vida la exitosa serie de televisión estadounidense de los años 60, *The Fugitive*. O quizá viste la película de 1993 del mismo nombre, un remake de la serie. Si no es así, tanto la serie como la película tratan sobre un doctor llamado Richard Kimble, quien fue injustamente condenado y sentenciado a muerte por el brutal asesinato de su esposa.

El giro en la trama era que el verdadero asesino era un "hombre con un solo brazo".

En la serie y en la película, Kimble escapaba de la custodia camino al corredor de la muerte y emprendía una odisea donde ayudaba a numerosas personas necesitadas mientras buscaba al verdadero asesino. El programa tuvo un enorme éxito y tuvo un impacto significativo en la generación del Baby Boom en Estados Unidos, lo que posiblemente incluye a nuestra próxima madre asesina.

La noche del 19 de mayo de 1983, las enfermeras y los médicos de urgencias del pequeño hospital en Springfield, Oregón quedaron atónitos cuando una joven mujer entró corriendo en su sala de emergencias. Estaba histérica y parecía estar herida, posiblemente por un arma de fuego.

Les contó a los médicos y enfermeras que ella y sus tres hijos habían sido disparados mientras estaban estacionados al costado de la carretera. Uno de los niños murió más tarde y los otros dos quedaron gravemente heridos. La madre de los niños, Diane Downs, de 27 años, también había recibido un disparo en el brazo izquierdo. La escena era tan extraña como horrible. No era algo que soliera ocurrir en Springfield, especialmente porque parecía ser un ataque al azar.

Cuando la policía local llegó al hospital para interrogar a Downs sobre el ataque, las cosas se volvieron aún más extrañas. Diane les dijo a los oficiales que ella y sus hijos estaban simplemente estacionados al lado de una tranquila carretera rural por la noche cuando un misterioso hombre "de pelo rizado" se acercó al coche y abrió fuego.

La policía tomó nota de todo y emitió un boletín informativo con la descripción del agresor, pero las cosas no cuadraban. La historia de Downs era demasiado perfecta, como si la hubiera sacado de un guion de Hollywood. Casi parecía una trama de una película de explotación de serie B de los años 70: un hippie drogado vagaba hasta encontrarse con una familia desprevenida a la que victimizar.

Por extraño que comenzara este caso, y por mucho que el "hombre de pelo rizado" pudiera recordar al "hombre con un solo brazo", el caso se volvió aún más extraño a medida que avanzaba. Diane Downs eventualmente fue llevada a juicio por el asesinato y el intento de asesinato de sus hijos, pero proclamó su inocencia en todo momento y, al igual que el ficticio Richard Kimble, incluso escapó de la prisión. A diferencia del ficticio Richard Kimble, Diane Downs no era una persona simpática.

Diane Frederickson

Diane Downs nació como Diane Frederickson en 1955 en Phoenix, Arizona, en una familia de clase media. Frederickson nació en una América mucho más conservadora, y Arizona era uno de los estados más conservadores de la época. Era el estado natal de Barry Goldwater, lo que era un indicativo de las creencias políticas y religiosas conservadoras de los arizonenses.

Y los Frederickson encajaban perfectamente en ese molde. Los padres de Diane eran personas que asistían a la iglesia y llevaban la Biblia consigo, y criaron a sus hijos para que fueran igual. Aparentemente, Diane también era una chica cristiana temerosa de Dios, aunque todo resultó ser una fachada. Se juntaba con los chicos rebeldes del vecindario y experimentaba con alcohol, drogas y sexo. Después de todo, era finales de los años 60 y, a pesar de su base conservadora, Phoenix tenía una considerable escena contracultural.

Era una situación donde dos culturas y generaciones chocaban, y Diane Frederickson estaba justo en medio de todo. Sus amigos de la escuela estaban en un lado, mientras que sus padres y su familia estaban en el otro. Durante un tiempo, Diane intentó mantenerse en ambos lados de esa peligrosa línea cultural.

Diane asistió a un pequeño colegio bíblico en California después de graduarse de la secundaria, pero fue expulsada después de menos de un semestre por tener relaciones sexuales con jóvenes en el campus. La noticia fue un shock para la familia Frederickson y escandalosa entre sus amigos y familiares cristianos. Se sintieron traicionados por Diane, no solo por lo que había hecho para ser expulsada, sino por el hecho de que se había presentado ante ellos de una manera totalmente diferente. Diane claramente mostraba signos sociopáticos desde una edad temprana.

La expulsión creó una brecha entre Diane y sus padres que nunca se arregló. Se fue de casa a los 17 años y vagó durante un tiempo antes de conocer a Steve Downs en 1973. La relación no era precisamente ideal, pero proporcionó a ambos algo que querían y que les faltaba en sus vidas. Para Diane, le dio una sensación de estabilidad y protección que había perdido al distanciarse de sus padres. Tenía un techo sobre su cabeza y sabía cuándo y dónde sería su próxima comida.

Para Steve Downs, Diane parecía una gran conquista, o eso pensaba él. Era joven, atractiva y estaba dispuesta a darle hijos a Steve. Después de una boda sencilla, la pareja decidió establecerse en el área de Phoenix. Diane dio a luz a su hija Christie en 1974, a Cheryl Lynn en 1976 y a su hijo Stephen Daniel "Danny" en 1979. Steve obtuvo los hijos que quería, pero también mucho más de lo que esperaba del matrimonio.

Steve y Diane peleaban constantemente sobre muchas de las cosas normales que discuten las parejas, como las finanzas y cómo criar a los hijos, pero el mayor obstáculo en su relación era la infidelidad. Diane nunca había dejado realmente sus costumbres alocadas atrás y, aunque Steve pensaba que el matrimonio la domesticaría, descubrió lo contrario.

Los problemas matrimoniales se agravaron después del nacimiento de Danny, principalmente porque Steve no pensaba que Danny fuera su hijo. Finalmente, en 1980, después de años de conflicto, decidieron divorciarse. Diane tendría la custodia principal de los dos - quiero decir tres - hijos de la pareja y Steve pagaría la manutención.

Una vez finalizado el divorcio, Steve pagaba la manutención y visitaba a sus hijos, pero a Diane no parecía importarle mucho si él estaba cerca. Ella tenía la vista puesta en otra persona. Steve tenía buenas razones para creer que Danny no era su hijo. El matrimonio no había frenado las costumbres alocadas de Diane, y mientras estaban casados, se sabía que tenía más de un amante. Después del divorcio, Diane puso sus ojos en un compañero de trabajo.

Diane trabajó para el Servicio Postal de los Estados Unidos en Phoenix durante la mayor parte de los años 70, y fue allí donde conoció al también empleado postal Steven Knickerbocker. Knickerbocker era un hombre joven y apuesto que estaba ascendiendo en la jerarquía postal. Parecía el hombre perfecto para Diane, especialmente después de que se finalizara su divorcio.

Knickerbocker ciertamente le gustaba Downs, al menos físicamente, e incluso consideró brevemente una relación más permanente y a largo plazo con ella. Pero había dos grandes obstáculos para que Knickerbocker y Downs permanecieran juntos a largo plazo.

Primero, Knickerbocker estaba casado. A principios de los años 80, las tasas de divorcio en Estados Unidos estaban en su punto máximo, por lo que divorciarse no habría traído la clase de vergüenza que traía diez años antes. Aun así, traía problemas. La manutención conyugal podría haber sido un problema, sin mencionar los costosos procedimientos de divorcio. Y, por más emocionante que fuera su relación con Diane, Knickerbocker sabía que su esposa era más estable, confiable y digna de confianza.

Segundo, a Knickerbocker no le gustaban los niños. Él y su esposa no tenían hijos propios y si se casara o siquiera conviviera con Downs, esencialmente se convertiría en un padrastro instantáneo. La paternidad no era algo que Steven Knickerbocker hubiera considerado o querido alguna vez.

Así que Knickerbocker rompió con Downs y volvió con su esposa. Cuando Diane lo presionó, le dijo que no quería hijos. Emocionalmente devastada, Diane Downs decidió trasladar a su familia lo más lejos posible de Phoenix.

El Hombre de Pelo Rizado

Ser rechazada por Knickerbocker resultó ser un punto de inflexión importante en la vida de Diane Downs y en la de sus hijos. Decidió mudarse lejos de Phoenix, así que tomó un trabajo como cartera en Springfield, Oregón. Springfield se encuentra junto a Eugene, en el pintoresco valle de Willamette. La zona es un paraíso para los amantes del aire libre, con muchas oportunidades para hacer senderismo, acampar, pescar y cazar.

Pero Diane Downs no se mudó a Oregón para disfrutar de las hermosas vistas; se mudó allí para escapar de su pasado. Diane trabajaba todos los días y, según todos los informes, era una buena trabajadora, aunque nunca conectaba realmente con ninguno de sus compañeros. Siempre parecía distante y distraída, como si tuviera algo importante en mente.

Por supuesto, ese algo importante era Steven Knickerbocker. Simplemente no podía superar a Knickerbocker ni seguir adelante después de la relación. Diane intentó contactar a Knickerbocker por teléfono, pero él nunca devolvió sus llamadas. Luego le envió decenas de cartas, pero siempre eran devueltas con la marca "devuélvase al remitente".

En la mente de Diane Downs, lo único que le impedía estar con Steven Knickerbocker - en realidad, tres cosas - eran sus hijos. "Esto era un verdadero obstáculo para Diane; esos niños eran una carga, y no había forma, según ella, de que pudiera traer a este tipo a Oregón mientras tuviera a los niños", dijo el detective del condado de Lane, Oregón, Doug Welch, sobre el aparente dilema de Diane Downs.

Diane tenía una solución fatal para su problema. La supuesta brillante idea de Downs consistía en asesinar a sus hijos para ganarse la simpatía del público y, en última instancia, recuperar a Knickerbocker. Había solo un problema con el plan de Downs: todo.

Diane Downs era verdaderamente una narcisista, lo que le daba la mentalidad para pensar que hacer algo así estaba bien, pero no era una criminal. Simplemente no pensaba como una criminal y nunca consideró cómo verían sus crímenes la policía y el público. Diane pensaba que, después de cometer el acto, solo tendría que derramar unas cuantas lágrimas y su novio correría hacia ella.

La noche del ataque, Diane les dijo a sus hijos que iban a hacer un pequeño viaje y luego los subió al coche. Condujo fuera de la ciudad un par de millas hasta un área bastante aislada, salió del coche, caminó hacia el lado del pasajero y sacó su pistola calibre .22.

Sucedió tan rápido que sus hijos no tuvieron oportunidad de reaccionar. Les disparó varias veces a cada uno y se disparó a sí misma una vez para que pareciera convincente. Cheryl murió en el lugar, mientras que sus dos hermanos luchaban por su vida cuando llegaron a la sala de emergencias.

Downs fue suturada rápidamente pero mantenida en el hospital. La policía tenía algunas preguntas para ella. "Desde el principio todo estuvo mal", dijo el detective Welch. "Aquí estaba una mujer completamente apática sobre el bienestar de sus hijos".

Pero cualquier policía te dirá que todos lloran de manera diferente y las personas muestran una amplia gama de reacciones y emociones durante una situación trágica. Sin embargo, cuanto más investigaban los detectives el caso, más parecía que Downs les estaba mintiendo.

Ella les dijo a los policías que un misterioso "hombre de pelo rizado" los había atacado, pero no parecía que hubieran robado nada y no hubo ni agresión sexual ni intento de agresión sexual contra Diane o sus hijos.

El supuesto perpetrador podría haber sido un asesino en serie aleatorio - el noroeste del Pacífico había tenido su buena cuota de ellos durante esa época - pero las probabilidades eran extremadamente bajas. Sin mencionar que un asesino experimentado probablemente habría sido más eficiente, ya sea usando un arma de mayor calibre o trayendo suficiente munición para terminar el trabajo. No, para los investigadores de homicidios, parecía un trabajo de aficionado realizado por alguien con poco o ningún historial criminal.

La escena del crimen también reveló información interesante. No había residuos de pólvora en el coche, lo que significaba que el tirador disparó desde fuera del coche. Diane afirmó que el misterioso hombre de pelo rizado se acercó al coche y comenzó a disparar. Lo más revelador fue que no había sangre en el lado del conductor.

Diane tampoco pudo contarle a la policía una historia coherente. Su descripción del presunto tirador cambió varias veces, al igual que cómo les disparó a ella y a los niños y cuántos disparos realizó. También afirmó haber conducido a la sala de emergencias a alta velocidad, pero los testigos la vieron conduciendo por la calle a unos diez kilómetros por hora. Un testigo afirmó que la única razón por la que la notó fue porque conducía tan lentamente.

La policía teorizó que ella conducía tan despacio con la esperanza de que sus hijos se desangraran hasta morir. Aun así, la policía no tenía pruebas contundentes. La ciencia forense aún estaba a unos años de los perfiles de ADN y no había testigos que hubieran visto el crimen. El fiscal del condado sabía que sería difícil convencer a un jurado de que una madre intentó matar a sus hijos por un hombre, así que continuaron reuniendo pruebas.

Realizaron un par de registros en la casa de Diane y reunieron más pruebas, y finalmente, a principios de 1984, la fiscalía creyó tener suficiente para presentar un caso. Diane Downs fue arrestada el 28 de febrero de 1984 por un cargo de asesinato en primer grado y dos cargos de intento de asesinato en primer grado.

Se enfrentaba a cadena perpetua o a la pena de muerte en el estado de Oregón.

Un caso circunstancial

El caso contra Diane Downs era sólido, pero estaba lejos de ser infalible o una "victoria segura". Todas las pruebas eran en su mayoría circunstanciales, aunque ciertamente había muchas pruebas circunstanciales, y cuando se consideraban en su conjunto, eran bastante incriminatorias.

Además de las pruebas ya mencionadas, Steve Downs testificó contra su exesposa. Steve contó al jurado cómo su esposa era infiel, no era una muy buena madre y estaba obsesionada con Steven Knickerbocker. Knickerbocker también fue llamado a testificar por la fiscalía, declarando que rompió la relación porque no quería hijos. La única evidencia física eran algunas vainas de casquillos calibre .22 encontradas en la casa de Diane que coincidían con las del lugar del crimen. No importaba que no se hubiera recuperado el arma homicida porque los casquillos vinculaban a Downs - o a alguien en su casa - con los disparos.

Quizás la prueba más condenatoria y desgarradora presentada contra Diane Downs fue el testimonio de su hija Christie. Christie testificó que Diane los cargó a ella y a sus hermanos en el coche, se detuvo en una carretera solitaria y comenzó a dispararles. Dijo que su hermano Danny estaba dormido, pero que ella estaba despierta y recordaba casi todo.

Christie Downs fue una testigo muy creíble. El veredicto se anunció el 17 de junio de 1984: ¡culpable de todos los cargos! Nadie se sorprendió por el veredicto, aunque Diane derramó algunas lágrimas de cocodrilo y se agitó un poco. En ese momento, sin embargo, la mayoría de la gente podía ver a través de la pequeña charada de Diane Downs y sabía que solo estaba molesta porque había sido declarada culpable y probablemente pasaría el resto de su vida tras las rejas.

Diane Downs fue sentenciada a cadena perpetua más 50 años, lo que significaba que tenía que cumplir al menos 25 años antes de que la junta de libertad condicional considerara liberarla. Downs fue rápidamente llevada y enviada a la prisión estatal de mujeres en Salem.

La gente del Valle de Willamette esperaba que fuera la última vez que escucharían hablar de Diane Downs.

La Fugitiva Femenina

Diane Downs ingresó en la prisión de mujeres como una reclusa de alto perfil con un blanco en su espalda. Aunque las prisiones de mujeres tienden a ser un poco diferentes a las de hombres y son mucho menos peligrosas, también tienen algunas de las mismas trampas.

Muchas de las compañeras de prisión de Downs eran madres, y aunque no fueran las mejores madres, la mayoría no estaba muy contenta con una mujer que intentó asesinar a sus tres hijos por un hombre. Aun así, muchas de las prisioneras culpaban a los hombres por sus situaciones y sabían que los hombres a menudo podían influir en las mujeres para que hicieran cosas bastante terribles.

Así que Diane navegó por la prisión con cuidado. Mantuvo un perfil bajo y trató de llevarse bien con todos los guardias y reclusas. Participó en cualquier actividad que pudiera para obtener un poco más de libertad y comenzó a buscar una forma de salir.

Primero, presentó apelaciones, pero estas fueron denegadas. Downs probablemente nunca pensó realmente que ganaría en apelación, pero siempre había una oportunidad. También hablaba con cualquiera que estuviera dispuesto a escuchar sobre su caso. Diane seguía culpando al misterioso "hombre de pelo rizado" por el ataque y afirmaba que, al igual que el ficticio Richard Kimble, algún día capturaría al verdadero asesino.

El 11 de julio de 1987, tendría su oportunidad. Los detalles de cómo sucedieron los eventos aún son desconocidos, pero lo que se sabe es que, ese día, Diane Downs decidió otorgarse la libertad condicional más de dos décadas antes de lo previsto.

Diane tenía varias ventajas que le permitieron escapar. Primero, se había integrado eficazmente con la población reclusa durante sus tres años en prisión. Los guardias nunca prestaron mucha atención a ella, así que cuando hizo su intento de fuga hacia la cerca de alambre de púa, no había ojos vigilantes sobre ella.

En segundo lugar, tenía la ventaja de estar en una instalación menos segura. La prisión de mujeres en Salem era mucho menos segura que la mayoría de las instalaciones para hombres en Oregón en ese momento, y también era menos segura que muchas prisiones para mujeres en otros estados. Aun así, tuvo que arrastrarse a través de alambre de púa y pasar frente a una torre de vigilancia para alcanzar la libertad, y una vez que lo hizo, estaba en las calles de la capital del estado.

Sin embargo, la libertad de Downs no duró mucho, ya que fue recapturada diez días después. Y a diferencia de Kimble, nunca atrapó a su "hombre de pelo rizado". Los funcionarios del Departamento de Correcciones de Oregón determinaron que Diane Downs representaba un riesgo demasiado alto para la seguridad tras su fuga. Hicieron un acuerdo con el estado de Nueva Jersey para alojarla en su prisión de máxima seguridad para mujeres, y años más tarde, hicieron un acuerdo con el estado de California, donde actualmente se encuentra detenida.

Secuelas

El violento y egoísta acto de Diane Downs la noche del 19 de mayo de 1983 devastó a su familia y envió ondas de choque a través de Oregón que continúan reverberando hoy en día. Las víctimas inmediatas y más obvias fueron sus tres hijos que estaban en el coche esa noche. Por diversas razones, Steve Downs no tomó la custodia de Christie o Danny después de los disparos. Dado que nunca pensó que Danny fuera su hijo, esto es algo comprensible, pero tampoco se llevó a Christie de regreso a Arizona. En cambio, el fiscal principal del caso de Diane adoptó a Christie y a Danny. Ambos cambiaron sus nombres y fueron criados en la anonimidad, en un hogar amoroso y estable.

En otro giro más de este caso, resulta que Diane Downs había quedado embarazada antes de ser arrestada. No fue un movimiento responsable de su parte, pero ¿qué se puede esperar de una mujer que intentó asesinar a sus tres hijos y luego culpar a un misterioso "hombre de pelo rizado", verdad?

El cuarto hijo de Downs fue separado de ella cuando fue a prisión. La niña fue adoptada por una familia y, al igual que sus dos hermanos, fue criada en un hogar amoroso en anonimato. Cuando la niña alcanzó la adultez, apareció en un episodio de *Oprah* para hablar sobre su crianza tan poco convencional.

¿Y qué pasa con Diane Downs? Bueno, ha estado cumpliendo su condena en el Departamento de Correcciones de California, pero es elegible para libertad condicional de vez en cuando bajo la ley del estado de Oregón. La primera vez que se presentó ante una junta de libertad condicional fue en 2008 y fue rápidamente denegada, siendo denegada nuevamente en 2010. Downs será elegible para libertad condicional nuevamente en 2021, cuando tenga 65 años.

La mayoría de las personas familiarizadas con el caso no le dan muchas posibilidades a Downs de obtener libertad condicional en 2021 o en cualquier otro momento, para el caso. La libertad condicional se otorga a los reclusos que cumplen con dos criterios: deben demostrar que están rehabilitados y ya no representan una amenaza para la comunidad, y también deben mostrar un nivel de contrición. Para Diane Downs, el primer punto es cuestionable, aunque afortunadamente ya no tiene hijos alrededor para hacerles daño.

El segundo punto es lo que probablemente la mantendrá en prisión. Downs sigue negando que tuviera algo que ver con el ataque a sus hijos. En su lugar, culpa al misterioso "hombre de pelo rizado" y ha llegado incluso a expandir su relato para incluir conspiraciones de las fuerzas del orden. Tiene mucho tiempo para inventar historias extrañas.

Las propias palabras de Diane Downs le han perjudicado en el pasado y siguen siendo una de las principales razones por las que probablemente nunca sea liberada de prisión. En una entrevista que dio mientras esperaba el juicio por el ataque a sus hijos, ofreció una respuesta extraña y fría a una pregunta sobre cómo se siente por su pérdida. "Y ellos me dan amor, me dan satisfacción, me dan estabilidad, me dan una razón para vivir y una razón para ser feliz, y eso se ha ido, me lo quitaron, pero los niños son tan fáciles de concebir", dijo. Su actitud ha cambiado poco desde entonces.

Capítulo 7 - Marybeth Tinning

L os asesinos en serie rara vez son liberados de prisión, y en Estados Unidos, esto es aún más inusual. Por supuesto, según la ley en muchos estados, los asesinos en serie que cumplen condenas de cadena perpetua tienen la oportunidad, el derecho, a comparecer ante una junta de libertad condicional. A menudo, estas audiencias son una formalidad y, a veces, un espectáculo: ¿recuerdas a Charles Manson? Pero en ocasiones, un conocido asesino en serie es liberado de prisión.

Uno de los casos más conocidos y recientes en EE.UU. fue el de Loren Herzog. Junto con Wesley Shermantine, Loren Herzog formaba parte de los "Speed Freak Killers", quienes aterrorizaban California durante las décadas de 1980 y 1990, dejando hasta 30 víctimas a su paso.

Aunque Herzog fue condenado por tres asesinatos y recibió lo que se consideró una sentencia de cadena perpetua, las condenas fueron anuladas por tecnicismos y se le permitió declararse culpable de homicidio involuntario, lo que le permitió ser liberado tras cumplir solo 11 años. Muchas personas se sintieron aliviadas cuando Herzog se quitó la vida en 2012.

Thomas Kokoraleis es otro asesino en serie conocido que fue liberado de prisión. Kokoraleis fue miembro de la infame "Ripper Crew" de Chicago, responsables de asesinar, violar y torturar al menos a 18 mujeres como parte de rituales satánicos. El hermano de Kokoraleis, Andrew, fue ejecutado en 1999, pero Thomas fue liberado en libertad condicional por el Departamento de Correcciones de Illinois en marzo de 2019. Aparte de esos dos casos, hay que buscar mucho para encontrar ejemplos de asesinos en serie conocidos que hayan sido liberados de la prisión, y la mayoría de ellos se encuentran en países en desarrollo.

Otra gran excepción a esta regla es la estadounidense Marybeth Tinning. Al igual que Megan Huntsman, Marybeth Tinning se cebó con sus propios hijos, asesinando a ocho de ellos durante casi 15 años. Ninguno de los hijos de Tinning estaba a salvo; mató a sus hijos e hijas sin mostrar una preferencia particular. A diferencia de Huntsman, Tinning contó con mucho apoyo durante su juicio, cumplió condena en prisión y, tras su liberación, continuó recibiendo respaldo. Sí, Marybeth Tinning, una mujer que asesinó a ocho de sus hijos, fue liberada recientemente de una prisión de mujeres en el estado de Nueva York.

Duanesburg, Nueva York

Marybeth Tinning nació como Marybeth Roe en Duanesburg, Nueva York, el 11 de septiembre de 1942. Hoy en día, Duanesburg es un pequeño pueblo en el centro-norte de Nueva York, pero cuando nació Marybeth, era un lugar mucho más activo. Muchos de los jóvenes de la zona, incluido el padre de Marybeth, se fueron a luchar en Europa y el Pacífico durante la Segunda Guerra Mundial, mientras que sus hermanas, madres y esposas contribuían trabajando en fábricas locales.

Cuando la guerra terminó, el padre de Marybeth regresó a casa y consiguió un trabajo en una de las fábricas de la zona. La vida fue bastante estable para ella en su mayor parte durante los años 50 y principios de los 60; recibió todo lo que necesitaba en términos de posesiones materiales y Duanesburg era un pueblo seguro y tranquilo.

Marybeth no era una estudiante destacada en términos académicos, pero sí se hacía notar por su belleza. A finales de su adolescencia, Marybeth medía 1,63 m y tenía una figura esbelta, con cabello rubio y ojos azules. La chica normalmente tranquila podría haber elegido entre muchos jóvenes de la zona, pero decidió optar por Joe Tinning. Aunque Joe Tinning no era exactamente el hombre más carismático, atractivo o ambicioso del pueblo, era bastante estable. Era un trabajador arduo y no era conocido por beber mucho o por ser mujeriego. Era precisamente el tipo de hombre que una mujer que buscaba establecerse en los años 60 deseaba.

Los dos comenzaron a salir y se casaron en 1965. Joe trabajaba en fábricas locales mientras Marybeth era auxiliar de enfermería en Schenectady, una ciudad cercana. Todo parecía ir bien, pero debajo de la superficie había problemas desde el principio. Marybeth era algo celosa y también bastante paranoica. Cuando Joe llegaba tarde a casa del trabajo o de pasar tiempo con sus amigos, ella le hacía un interrogatorio exhaustivo o lo acusaba de engañarla. A principios de los años 70, Joe estaba pensando en dejar a Marybeth. Pero no antes de que ella decidiera tomar cartas en el asunto. En 1974, en medio de los problemas matrimoniales que ambos estaban enfrentando y después de haber perdido ya a tres de sus hijos en circunstancias sospechosas, Marybeth le dio a Joe una dosis casi mortal de barbitúricos. La intoxicación fue descubierta después de que Joe acudiera a la sala de emergencias y se llamara a la policía, pero, en un patrón que se repetiría durante los siguientes 30 años, Joe se negó a responsabilizar a su esposa. Este incidente ilustró la relación entre Mary y Joe y las dinámicas de poder que existían en su matrimonio. Mary era quien llevaba los pantalones en la familia Tinning.

Aunque Joe pudo haber sido un individuo sin carácter que dejó que su esposa lo pisoteara y asesinara a sus hijos, la policía debería haber sabido mejor. La intoxicación debió ser una señal de alerta para que las autoridades investigaran más a fondo, especialmente considerando que ya habían muerto tres de los hijos de los Tinning.

Sin embargo, la aplicación de la ley era muy diferente en 1974 de lo que es hoy. Si la víctima no quería seguir adelante con el asunto, entonces la policía y los fiscales generalmente no lo harían. Lamentablemente para los hijos de los Tinning, esto significaba que la policía no interfirió en el hogar de los Tinning durante más de diez años más.

Vivir y Morir en el Hogar de los Tinning

La mayoría de las personas que trabajan en el sector de la salud son de naturaleza solidaria. Entran en este campo porque se preocupan por sus semejantes y quieren ayudar a aliviar el sufrimiento. Marybeth Tinning era una trabajadora de la salud que, por fuera, parecía ser una persona muy cariñosa. Era diligente en su trabajo y era bien considerada por sus compañeros y sus pacientes. Pero debajo de esa superficie se encontraba una persona muy perturbada y violenta.

Tinning tenía un profundo impulso de matar, pero en lugar de cazar a sus pacientes como lo haría un "ángel de la muerte", prefería llevar a cabo sus deseos homicidas en su propia familia.

Barbara fue la primera hija que tuvieron los Tinning. Nació en 1967, aproximadamente dos años después de que Joe y Marybeth se casaran. Según todos los informes, era una niña feliz y los Tinning parecían estar bastante contentos juntos. Marybeth era outwardly una buena madre, mimando a Barbara siempre que estaban en público. En 1970, nació Joe Junior y parecía que la familia Tinning estaba en camino de convertirse en una familia estadounidense típica. Marybeth decía a su familia y amigos que planeaba tener más hijos, pero la realidad era que había muchos problemas ocultos bajo la superficie. A principios de los años 70, Marybeth comenzó a darle problemas a Joe mientras ocultaba su lado oscuro en público. Para 1971, Marybeth Tinning estaba a punto de iniciar su serie de asesinatos domésticos.

Los Tinning dieron la bienvenida a su tercera hija, Jenifer, a la familia en diciembre de 1971. Marybeth parecía feliz de tener su tercer hijo, pero apenas ocho días después, llevó a Jenifer a la sala de emergencias local sin respuesta. Jenifer estaba muerta y, tras un examen superficial, los médicos determinaron que había fallecido debido a meningitis hemorrágica y abscesos cerebrales.

Fue verdaderamente una tragedia, pero la vida continuó en el hogar de los Tinning. Joe y Marybeth tuvieron que volver al trabajo para cuidar de sus dos hijos sobrevivientes. Amigos, familiares y vecinos de los Tinning comentaron que la muerte de Jenifer les afectó a ambos, pero que estaban lidiando con la situación lo mejor que podían.

Poco más de un año después, el 20 de enero de 1972, Joe Junior fue llevado a la sala de emergencias sin respuesta. Murió esa noche de lo que se determinó como un paro cardiopulmonar — dejó de respirar. Las posibilidades de que un rayo caiga dos veces en el mismo hogar son extremadamente bajas, pero solo unas semanas después de la muerte de Joe Junior, el rayo golpeó a los Tinning por tercera vez. Barbara, que aún no tenía cinco años, fue llevada también sin respuesta y más tarde murió. Su muerte se determinó como resultado del síndrome de Reye.

Para un observador externo, parecería que, a principios de los años 70, la familia Tinning era extremadamente desafortunada o que algo nefasto estaba ocurriendo. La realidad era que efectivamente estaba sucediendo algo nefasto: Marybeth estaba asesinando a sus hijos, uno a uno, pero nadie —incluido su esposo— parecía sospechar de ella. Quizás era su comportamiento tranquilo o posiblemente el hecho de que trabajaba en el sector de la salud lo que impedía que los médicos locales y la policía profundizaran un poco más en la situación. Después de todo, Marybeth Tinning y su esposo eran pilares de la comunidad de Schenectady, así que no podía estar ocurriendo nada malo. Además, las cosas realmente malas solo sucedían en Nueva York, pensaban probablemente los médicos y policías de Schenectady.

Cualquier duda que los médicos locales y las fuerzas del orden pudieran haber tenido sobre Marybeth Tinning se fue desvaneciendo gradualmente, ya que los Tinning no tuvieron más hijos para que Marybeth pudiera matar. Permanecieron sin hijos durante más de un año hasta que Marybeth quedó embarazada nuevamente a principios de 1973. Marybeth dio a luz a su cuarto hijo, Timothy, el Día de Acción de Gracias de 1973.

Llevó a Timothy a casa y, para los amigos y familiares de Marybeth y Joe, parecía que sería una feliz temporada navideña. Se pensaba que la pareja había superado sus trágicas pérdidas iniciales y que la llegada de Timothy a su familia compensaría, al menos en parte, esas pérdidas.

Pero el 10 de diciembre, poco más de dos semanas después del nacimiento de Timothy, Marybeth lo llevó al hospital sin respuesta. Marybeth comenzaba a convertirse en una cliente habitual del hospital del condado de Schenectady, pero una vez más, parecía haber una explicación legítima, aunque trágica, para la muerte de su hijo.

El cuerpo de Timothy no mostraba signos externos de trauma y, dado que había dejado de respirar, como afirmaba Marybeth, se determinó que era víctima de "muerte en cuna" o síndrome de muerte súbita del lactante (SIDS).

Las trágicas muertes de los hijos de los Tinning se convirtieron en tema de conversación entre muchas personas en Schenectady, incluidos los amigos y familiares de Marybeth y Joe. Aunque muchos en la zona comenzaron a cuestionar cómo podían ocurrir tantas coincidencias trágicas en la misma familia, aquellos más cercanos a la pareja continuaron apoyándolos.

Pero el 10 de diciembre, poco más de dos semanas después del nacimiento de Timothy, Marybeth lo llevó al hospital sin respuesta. Marybeth comenzaba a convertirse en una clienta habitual del hospital del condado de Schenectady, pero una vez más, parecía haber una explicación legítima, aunque trágica, para la muerte de su hijo.

El cuerpo de Timothy no mostraba signos externos de trauma y, dado que había dejado de respirar, como afirmaba Marybeth, se determinó que era víctima de "muerte en cuna" o síndrome de muerte súbita del lactante (SIDS).

Las trágicas muertes de los hijos de los Tinning se convirtieron en tema de conversación entre muchas personas en Schenectady, incluidos los amigos y familiares de Marybeth y Joe. Aunque muchos en la zona comenzaron a cuestionar cómo podían ocurrir tantas coincidencias trágicas en la misma familia, aquellos más cercanos a la pareja continuaron apoyándolos.

Luego llegó la noticia de que Marybeth estaba nuevamente embarazada. Después de que Nathan naciera el 30 de marzo de 1975, que resultó ser el Domingo de Pascua ese año, amigos y familiares de los Tinning esperaban nerviosamente que la tragedia golpeara de nuevo. Pero después de unos meses, parecía que Nathan iba a sobrevivir hasta que también fue golpeado por la maldición de los Tinning.

El 2 de septiembre de 1975, Marybeth llegó a la sala de emergencias en Schenectady con un Nathan sin respuesta. Les dijo a los médicos que Nathan había dejado de respirar y que lo había llevado al hospital lo más rápido que pudo. Los médicos no pudieron reanimar a Nathan y, basándose en el hecho de que no presentaba trauma externo, junto con la historia que Marybeth les dio, determinaron que él también era víctima del SIDS.

El diagnóstico de SIDS debió haber levantado múltiples banderas rojas. Aunque el estudio y el conocimiento sobre el SIDS eran todavía relativamente nuevos en los años 70, los médicos del condado de Schenectady estaban al tanto del SIDS ya que lo habían dictaminado como la causa de las muertes de Timothy y Nathan. Más importante aún, dado que esos médicos sabían qué era el SIDS, también debieron haber entendido que no es una condición genética. La probabilidad de que múltiples bebés murieran por ello en la misma familia sería rara y, si ocurriera, sería el resultado de un descuido lamentable o premeditación.

Aun así, no se plantearon serias preguntas por parte de los funcionarios locales sobre las actividades en el hogar de los Tinning.

Claro, Ella Puede Adoptar un Niño

Los años pasaron y las pocas personas en la zona de Schenectady que sospechaban de Marybeth Tinning y de sus hijos fallecidos eventualmente olvidaron. Incluso las personas que debían defender a los niños de Nueva York olvidaron o no hicieron su debido diligencia al investigar el pasado de Marybeth cuando solicitó adoptar un niño.

Sí, has oído bien, Marybeth y Joe Tinning solicitaron adoptar un niño en 1978. El proceso de adopción era muy similar en los finales de los años 70 a como es hoy. Cualquiera que quisiera pasar por el proceso debía someterse a una verificación de antecedentes por parte del estado, que incluía un examen completo de los antecedentes penales y financieros

JAVIER SOTO

de los adoptantes. Dado que ni Marybeth ni Joe tenían antecedentes penales y ambos estaban empleados, pasaron fácilmente la primera ronda del proceso de adopción.

Luego, una trabajadora social entrevistó a la pareja y visitó su hogar para asegurarse de que fuera adecuado para un niño. Los Tinning también superaron esta parte del proceso con excelentes resultados. Uno pensaría que el hecho de que los cinco hijos de los Tinning murieran antes de los cinco años habría sido una señal de alerta para los trabajadores sociales que investigaban la adopción. Pero Marybeth les aseguró que todas las muertes fueron naturales y que tenía los registros médicos para probarlo.

Marybeth argumentó que el proceso de adopción estaba directamente relacionado con las muertes de sus hijos, afirmando que había algo mal con ella o con Joe y que, aunque ambos aún deseaban tener hijos, sería más seguro adoptar. El estado de Nueva York estuvo de acuerdo y permitió a los Tinning adoptar a un niño recién nacido al que llamaron Michael en 1978. Pero mientras los Tinning estaban en el proceso de adopción, Marybeth quedó embarazada una vez más y dio a luz a una niña, Mary Frances, el 29 de octubre de 1978. La llegada de Mary Frances significaba que los Tinning tenían dos hijos en casa al mismo tiempo. Sin duda, era una situación diferente para ellos, pero a quienes los conocían les parecía que lo manejaban bien. Familia y amigos pensaban que Marybeth y Joe finalmente estaban en camino de tener la familia que siempre habían deseado.

En enero, sin embargo, el horrible patrón se repitió cuando Marybeth llevó a Mary Frances a la sala de emergencias sin respuesta. Luego, en otro giro trágico de este caso, los médicos lograron reanimar a Mary Frances y enviarla de regreso a casa con sus padres.

Desafortunadamente, regresar a casa fue una sentencia de muerte para Mary Frances. Un mes después, Marybeth llevó nuevamente a Mary Frances al hospital, pero los médicos no pudieron reanimarla esta segunda vez. Parece que Marybeth Tinning se aseguró de que su hija no sobreviviera esta vez.

Pero Marybeth Tinning estaba lejos de haber terminado de tener hijos o de asesinarlos. Los Tinning dieron la bienvenida a Jonathan en su familia el 19 de noviembre de 1979, y en marzo de 1980, fue llevado al hospital en condiciones muy similares a las de todos sus hermanos que ya habían tenido un destino trágico. Los profesionales médicos del condado de Schenectady prestaron atención a este caso con mayor cuidado. Era la década de 1980 y una nueva generación de trabajadores de la salud que no conocían a los Tinning estaba a cargo, y las computadoras facilitaban la búsqueda rápida de registros.

Los profesionales de la salud del condado de Schenectady estaban preocupados por todas las muertes en la familia Tinning, pero aún pensaban que quizás estaba relacionado genéticamente. Otros creían que tal vez tenía algo que ver con el hogar familiar. Aun así, nadie sospechaba aún de Marybeth. Y por alguna razón, Joe tampoco parecía sospechar nada. Los profesionales preocupados del condado de Schenectady decidieron enviar al pequeño Jonathan a Boston, donde podría ser examinado por especialistas. Los especialistas no encontraron nada malo, así que lo enviaron de regreso a casa, donde murió el 24 de marzo de 1980.

La muerte de Jonathan fue la gota que colmó el vaso para muchos funcionarios de salud y law enforcement del condado de Schenectady. La pura cantidad de muertes en la familia Tinning fue suficiente por sí sola para causar sospechas, pero las muertes también parecían encajar en un patrón. La mayoría de los niños murieron en los meses de otoño, invierno y principios de primavera, y dos fueron asesinados en días festivos.

Las fechas de las muertes podrían sugerir que la depresión jugó un papel, pero 1980 aún estaba a unos años de que los expertos supieran mucho sobre la depresión clínica, así que todas las sospechas seguían siendo puramente especulativas. Esas sospechas comenzaron a crecer cuando Marybeth llevó a Michael al pediatra de la familia el 2 de marzo de 1981. Marybeth le dijo al doctor que Michael se había quedado dormido y que no podía despertarlo. El médico no necesitó mirar al niño durante mucho tiempo para darse cuenta de que estaba muerto.

Ocho de los hijos de Marybeth Tinning estaban ahora muertos. La muerte de Michael despertó el interés de aún más funcionarios porque fue llevado al pediatra de la familia en lugar de a la sala de emergencias, pero más aún porque era adoptado, lo que demostraba que la maldición de los Tinning no podía ser genética. Pero Marybeth Tinning reclamaría una última víctima antes de que finalmente se hiciera justicia.

El nivel de inteligencia y la culpabilidad de Joe Tinning necesitan ser cuestionados seriamente en este punto. Cualquier esposo normal con un cociente intelectual promedio comenzaría a cuestionar seriamente el papel de su esposa en las muertes de todos sus hijos, especialmente si considerara que su esposa fue la última persona con el niño antes de cada muerte. Basándose solo en eso, uno tendría que pensar que el esposo en cuestión era realmente estúpido o posiblemente estaba involucrado en el crimen. O tal vez simplemente patético.

Por todos los informes, parece que Joe era realmente patético. Tal vez pensaba que algo estaba ocurriendo, pero era demasiado débil para hacer o decir algo al respecto.

Recuerda que este es el mismo hombre que fue envenenado por su esposa, y sin embargo, no solo se negó a que la procesaran, sino que la recibió de nuevo con los brazos abiertos. Joe deseaba la estabilidad del matrimonio por encima de las vidas de sus hijos y, por lo tanto, continuó actuando en la farsa mortal que había comenzado a principios de los años 70.

Para 1985, Joe Tinning seguramente tenía que pensar que algo estaba sucediendo en su hogar. Definitivamente habría tenido que esforzarse mucho para ignorar la carnicería que había estado ocurriendo bajo su techo. En 1985, los Tinning dieron la bienvenida a su último hijo a su hogar, Tami Lynne. En este punto, la gente de Schenectady se preguntaba sobre los Tinning y su aparentemente interminable procesión de niños muertos.

El 19 de diciembre de 1985, Tami Lynne se convirtió en la última niña en morir a manos de Marybeth. A diferencia de todos los anteriores hijos de los Tinning, que fueron llevados al hospital, Tami Lynne fue descubierta muerta en el hogar de los Tinning por un vecino. No parecía haber ninguna razón creíble para la muerte de la niña, lo que llevó a la policía a considerar seriamente la posibilidad de un juego sucio y a Marybeth como sospechosa.

"Los Sofocé con una Almohada"

El Departamento del Sheriff del Condado de Schenectady finalmente comenzó a prestar atención a Marybeth Tinning después de la muerte de su noveno hijo. El hecho de que nueve de sus hijos murieran bajo su cuidado era bastante grave, pero lo que empeoraba las cosas y hacía que resultara más sospechoso era que todos sus hijos murieron bajo su vigilancia.

Los investigadores comenzaron a hacer preguntas a los médicos y enfermeras que habían tratado a Tinning y a sus hijos antes de dirigirse a amigos y familiares de los Tinning y, finalmente, a la propia Marybeth. Marybeth sabía lo que venía cuando entró en el departamento del sheriff para ser interrogada, y no pasó mucho tiempo antes de que confesara.

"Los sofocé con una almohada", dijo Tinning acerca de Tami Lynne, Nathan y Timothy. Afirmó no recordar mucho sobre los asesinatos y nunca dio una razón real, pero fue suficiente para acusarla de asesinato y llevarla a juicio. Marybeth Tinning fue condenada por un cargo de asesinato en segundo grado el 17 de julio de 1987 y sentenciada a 20 años a cadena perpetua en prisión.

Pero aún quedaban muchas preguntas sin respuesta sobre el caso, particularmente: ¿mató Marybeth Tinning a todos sus nueve hijos? La gente del centro-norte de Nueva York ciertamente quería saber la respuesta, al igual que las autoridades, por lo que los cuerpos de los bebés fueron exhumados.

Aunque las exhumaciones y los exámenes posteriores de los niños nunca llevaron a más cargos, revelaron otro aspecto interesante del caso. Como se discutió anteriormente, el comportamiento de Joe Tinning durante la racha de asesinatos de su esposa era importante porque él estaba ya sea terriblemente desinformado o cómplice en los crímenes.

Sin embargo, cuando sus hijos estaban siendo exhumados, Joe Tinning parecía no importarle. "No me gustaría que hicieran más", dijo Joe a un reportero mientras se exhumaban las tumbas. "Pero supongo que es su prerrogativa." Sin duda, una cosa extraña para decir, pero quizás no tan extraña si se considera que, según el examinador forense que examinó los cuerpos de los nueve niños, Joe tenía "dificultades para recordar todos sus nombres."

Marybeth fue enviada a la prisión de máxima seguridad para mujeres en Bedford Hills, Nueva York, para cumplir su condena, pero no fue olvidada por la gente del condado de Schenectady. Dicho esto, la gente del centro-norte de Nueva York continuó con sus vidas sin los Tinning.

Todos excepto uno de ellos. Sí, curiosamente—o tal vez no, según lo que ahora sabemos sobre él—Joe Tinning continuó apoyando a su esposa. La visitaba regularmente y nunca consideró el divorcio. Por su parte, Marybeth evitó problemas mayores con otros reclusos y el personal en prisión, aunque no era muy popular entre sus compañeros debido a la naturaleza de sus crímenes.

Finalmente, debido al tiempo cumplido mientras aguardaba juicio y los cambios en el estatus de "buena conducta" en el Departamento de Correcciones de Nueva York, Marybeth Tinning fue elegible para la libertad condicional en 2007. Seguramente no sería liberada, ¿verdad? Pues bien, se le negó la libertad condicional en gran medida debido a declaraciones que ella misma hizo. Marybeth se negó a asumir la responsabilidad por lo que hizo, afirmando que no recordaba mucho del asesinato. Sin embargo, después de que se le negó la libertad condicional, fue elegible para presentarse ante la junta cada dos años, y durante ese tiempo, varias cosas cambiaron.

Además de su esposo, Marybeth Tinning comenzó a ganar algunos seguidores que creían que era una víctima del trastorno psicológico conocido como síndrome de Munchausen por poder. Sus partidarios argumentaron que Marybeth Tinning era víctima de una enfermedad mental y un ejemplo perfecto de cómo aquellos afectados por problemas mentales solían pasar desapercibidos. Afirmaron que, si hubiera sido más joven y estuviera en el sistema actual, habría sido atrapada y habría recibido tratamiento después de la muerte de su primer hijo.

Es difícil decir si alguna de esas afirmaciones sería cierta, pero los argumentos sí ganaron el apoyo de algunas personas influyentes. Los seguidores de Tinning presentaron peticiones ante la junta de libertad condicional y la ayudaron a elaborar mejores respuestas a las preguntas de la junta.

"Después de las muertes de mis otros hijos... simplemente perdí el control," admitió ante la junta de libertad condicional el 26 de enero de 2011. "Me convertí en un trozo de persona dañado y sin valor, y cuando mi hija era pequeña, en mi estado mental en ese momento, simplemente creía que iba a morir. Así que simplemente lo hice." Aún solo asumió la responsabilidad de matar a Tami Lynne, pero sin duda fue una mejora a los ojos de la junta de libertad condicional.

Andrew Cuomo fue elegido gobernador de Nueva York en 2010 y de inmediato inició un programa de reformas progresistas en todo el estado. Una de las áreas principales de reforma en las que se centró Cuomo fue la reforma penitenciaria, particularmente para facilitar que los reclusos obtuvieran la libertad condicional. La reforma penitenciaria de Cuomo fue ciertamente controvertida y terminó con la liberación de varios miembros de pandillas notorios, asesinos de policías y capos de la droga, pero en el liberal estado de Nueva York, los votantes, en su mayoría, apoyaron los esfuerzos.

Entre la ola de criminales reincidentes que fueron liberados se encontraba una anciana que la mayoría de las personas en el centro-norte de Nueva York habían olvidado y muchos jóvenes nunca habían oído hablar: Marybeth Tinning.

Marybeth Tinning fue liberada de prisión el 21 de agosto de 2018. Se reunió con su esposo y se mudó de nuevo a la zona de Schenectady, donde estará bajo supervisión estatal por el resto de su vida. Una de las muchas condiciones de su liberación le prohíbe estar cerca de niños. Esperemos que cumpla con esa disposición.

Capítulo 8 - Debra Jenner-Tyler

Si alguna vez has estado en Huron, Dakota del Sur, sabrás que no sucede mucho en este pequeño pueblo. Huron cuenta con un Walmart, algunas iglesias, una escuela pública y poco más. Es muy parecido a muchos otros pueblos en el este de Dakota del Sur, conocido como "East River" por los habitantes del estado. Huron se asemeja a las pequeñas localidades de Iowa, Minnesota, Missouri o cualquier número de pueblos en el Medio Oeste americano. La gente es amable, aunque un poco curiosa, la criminalidad es baja y también lo es el costo de vida. La mayoría de los habitantes de Huron disfrutan vivir allí, ya que el ritmo de vida es mucho más tranquilo que en la cercana Sioux Falls, sin mencionar Minneapolis u Omaha, que se encuentran a unas pocas horas en coche.

En Huron, generalmente te encontrarás con dos tipos de personas. El primero son aquellos que se mudaron allí para escapar de la gran ciudad. Estas personas aceptaron salarios más bajos para vivir en un pueblo más pequeño, son autónomos o se han jubilado en Huron. Para estas personas, Huron es un pedazo de cielo que no ha sido corrompido por la expansión urbana y la decadencia.

El segundo y más numeroso grupo está formado por personas originarias de Huron o de algún pueblo cercano. Huron es el corazón del campo agrícola de Dakota del Sur y gran parte del dinero importante en el pueblo está relacionado con la agricultura. Aunque las grandes granjas corporativas se han vuelto más comunes en Dakota del Sur en las últimas décadas, muchas de las granjas en la zona de Huron han sido transmitidas de generación en generación. La agricultura está verdaderamente en la sangre de la gente de la región y gran parte de la economía del pueblo se centra en atender a los agricultores.

Las personas de estos dos grupos comparten muchas características. La mayoría tiende a ser políticamente conservadora, más religiosa que el promedio y realmente disfrutan vivir en la zona. Aparte de algunos incidentes menores, la criminalidad no es un gran problema en Huron, Dakota del Sur, por lo que cuando el pueblo recibió la noticia de que una mujer local había matado a su hijo el 5 de abril de 1987, tanto Huron como el estado de Dakota del Sur se vieron invadidos por el miedo y el asco.

¿Cómo podía hacer algo así una de las propias habitantes de Huron? Desafortunadamente, la respuesta a esa pregunta nunca ha sido clara, aunque un examen más detenido de la historia puede ayudar.

Una chica del pueblo

Debra Jenner era una chica de Dakota del Sur, nacida y criada allí, así que cuando conoció y luego se casó con el chico del pueblo Lynn Tyler, parecía que eran la pareja perfecta. Ambos asistían a la misma iglesia y compartían los mismos objetivos a largo plazo: ¡formar una familia y vivir felices para siempre!

Debra dio a luz a un hijo en 1983 y a una hija, Abby Lynn, en 1984. Todo parecía perfecto en el hogar de los Tyler: Lynn tenía un buen trabajo, eran bien respetados en la comunidad y los niños estaban sanos.

Pero, como ocurre en muchos de estos casos, había problemas ocultos.

Debra tenía problemas de salud mental que no estaban siendo tratados. Parte del problema era que ella era buena ocultándolos, pero al mismo tiempo, los problemas de salud mental no se abordaban ni se hablaban fácilmente en el Dakota del Sur rural en los años 80.

Debra solía estar retraída y sombría, pero se decía que era solo parte de los largos inviernos de Dakota del Sur o que estaba pasando por una "fase". Continuó sumida en una malestar hasta la fatídica noche del 4 de abril de 1987.

El asesinato

En abril de 1987, Abby Lynn era una niña de 3 años con toda su vida por delante. Era la niña de los ojos de su padre y era querida por su hermano mayor. Debra también parecía querer genuinamente a Abby Lynn, lo que hace que lo que sucedió el 4 de abril sea tan desconcertante.

El 4 de abril de 1987 fue una fría noche de sábado en Huron, Dakota del Sur. Los últimos vestigios del invierno aún persistían y los días apenas comenzaban a alargarse un poco. La familia Tyler pasó la noche en casa y Debra acostó a los dos niños antes de las 10:00 p.m. y luego se fue a la cama con Lynn.

Entonces, en algún momento de la madrugada, ella se despertó y entró en la habitación de Abby Lynn.

Mientras Abby Lynn dormía, Debra atacó sin decir una palabra. Atacó a su pobre e indefensa hija con un cuchillo de cocina y también con un avión de juguete, de hecho. Sí, Debra Jenner-Tyler utilizó un avión de juguete para apuñalar a su hija hasta la muerte.

Luego, tras asesinar a su hija en un arranque de furia, Debra limpió y volvió a la cama.

Lynn se levantó temprano a la mañana siguiente para preparar a su familia para la iglesia y se horrorizó al encontrar una masacre en la habitación de su hija. La sangre salpicaba cada pared y en su cama ensangrentada yacía la desfigurada Abby Lynn. Se alertó de inmediato al Departamento del Sheriff del Condado de Beadle y a la Policía de Huron. Era la escena del crimen más brutal que cualquiera de los oficiales que respondieron, o los detectives que investigaron el caso después, habían visto. Claro, Huron tenía algo de criminalidad e incluso algún asesinato ocasional, pero nada como esto.

Los habitantes de Huron pronto comenzaron a formular sus propias teorías.

Algunos pensaron que se trataba de la obra de un culto, mientras que otros creían que había sido realizado por un asesino en serie itinerante.

Sin embargo, los investigadores del caso tenían otras ideas.

Debra dijo inicialmente a los oficiales que atendieron el llamado que un intruso había cometido el asesinato, pero cuando le pidieron más detalles, como una descripción del asesino o la hora en que ocurrió el crimen, no pudo ofrecer nada. Luego afirmó que la noche era un borrón y que no podía decirles nada más.

Dado que Debra no había estado bebiendo ni tomando drogas esa noche, no había razón real para que su memoria estuviera borrosa, a menos que tuviera algo que ocultar.

Debra fue a la comisaría dos días después para una entrevista más larga y formal, así como para realizar una prueba de polígrafo. Fracasó estrepitosamente.

Las autoridades del Condado de Beadle supieron en ese momento quién era el asesino de Abby Lynn.

¿Vida en prisión?

Debra fue condenada por asesinato en segundo grado en 1988 y sentenciada a cadena perpetua, que en Dakota del Sur generalmente significa exactamente eso. Fue enviada a la prisión de mujeres en Pierre, donde la mayoría creía, y esperaba, que fuera olvidada. Su esposo se divorció de ella y perdió contacto con su hijo.

Durante décadas, Debra permaneció en prisión, proclamando su inocencia a cualquiera que la escuchara, presentando apelaciones fallidas tras apelaciones fallidas. Luego, en 2002, se enteró de que el gobernador Bill Janklow podría otorgar varios indultos y conmutaciones antes de que finalizara su mandato en enero de 2003.

Fue un asunto controvertido, pero el gobernador Janklow ya era en ese momento una figura bastante polémica. Había servido dos mandatos como gobernador de Dakota del Sur en los años 80 y acababa de terminar su segundo mandato antes del asesinato de Abby Lynn. Luego se postuló nuevamente y ganó la gobernación en 1995, sirviendo hasta que alcanzó su límite de mandato en 2002.

Antes de su segundo mandato, Janklow había sido acusado de violación por una joven en una reserva india en 1974. Nunca se le presentó cargo alguno en ese caso y continuó con una exitosa y larga carrera en la política de Dakota del Sur. A medida que ascendía en la jerarquía política, se ganó una reputación como un hombre que hacía las cosas a su manera.

Y, al dejar el cargo a finales de 2002, hizo algunas cosas más a su manera.

Janklow otorgó varios indultos y conmutaciones de condenas criminales controvertidos, incluido el de su yerno por delitos de conducción ebrio y posesión de marihuana. Quizás la conmutación más polémica fue la que redujo la sentencia de Debra Jenner-Tyler de cadena perpetua a 100 años. Aunque eso puede no parecer mucho, le permitió ser elegible para la libertad condicional de inmediato.

La inocencia que Jenner-Tyler había reclamado durante los años 80 y 90 desapareció repentinamente; Debra se convirtió en una mujer arrepentida que quería una segunda oportunidad. "¿Me arrepiento? Sí, todos los días," dijo Jenner-Tyler a la junta de libertad condicional en 2003. "Desearía que hubiera sido yo."

Muchos en Dakota del Sur también desearon que hubiera sido Debra, quien ahora, en sus sesenta años, tiene pocas posibilidades de ser liberada. La naturaleza muy conservadora del estado es un obstáculo contra ella, pero quizás aún más lo es el legado dejado por Bill Janklow. Solo unos meses después de que se conmutara su sentencia, Bill Janklow mató a un motociclista en un accidente automovilístico. Janklow fue condenado por homicidio involuntario y cumplió tiempo en prisión. Falleció en 2012 y a menudo es recordado en el estado por el hombre que mató en 2003, las personas que liberó de prisión en 2002 y las preguntas sobre sus actividades en la reserva india Rosebud en los años 70.

Nada de eso pinta bien para las posibilidades de libertad condicional de Debra Jenner-Tyler en el futuro.

Capítulo 9 - Julie Schenecker

Una de las frases más comunes que se dicen tras una masacre familiar es: "Debería haberlo visto venir". Estas palabras son pronunciadas por familiares y amigos del asesino que afirman haber presenciado conversaciones, comportamientos e incidentes que deberían haberles alertado sobre la violencia que se avecinaba. La realidad es que, por lo general, estas personas suelen decir la verdad; las masacres familiares no ocurren de la nada. Suelen ser el resultado de un largo proceso que se ha estado gestando durante días, semanas, meses o incluso años. Y, en la mayoría de los casos, alguien involucrado intenta buscar ayuda.

A menudo, un familiar preocupado tratará de advertir a otros sobre un desastre inminente y, en ocasiones, el familiar es un niño abusado. Desafortunadamente, los gritos de auxilio suelen ser ignorados y, incluso cuando se investigan, no se les da la importancia necesaria. El familiar acusado de abuso puede a menudo salir airoso de la situación. Esto se facilita cuando el acusado es una mujer que no parece encajar en el estereotipo de la abusadora infantil. Si la mujer acusada resulta ser bien cuidada, de clase media, elocuente y proviene de un entorno militar, los investigadores tienden a creer en su inocencia. Esta situación puede llevar a resultados trágicos, como ocurrió en Tampa, Florida, el 27 de enero de 2011.

En los meses anteriores a esa fecha, Calyx Schenecker, de 16 años, presentó una denuncia oficial de abuso contra su madre, Julie Schenecker, de 49 años. Aunque Calyx no mostraba signos físicos visibles de abuso, se enviaron trabajadores sociales al hogar de los Schenecker para investigar. La casa estaba limpia y ordenada, ubicada en un agradable vecindario de clase media-alta en Tampa. Los investigadores encontraron a Julie inteligente, cálida y carismática, nada que ver con lo que estaban acostumbrados al tratar con casos similares que los llevaban a proyectos de vivienda y parques de casas móviles. Después de todo, ella era una veterana militar y su esposo era un oficial activo de alto rango en el Ejército. El caso contra Julie Schenecker fue rápidamente archivado.

Los trabajadores sociales del condado de Hillsborough se olvidaron rápidamente de Julie Schenecker hasta que escucharon los primeros informes de noticias el 28 de enero de 2011. Aquellos que recordaban el caso se quedaron atónitos y horrorizados al enterarse de que la aparentemente normal madre que habían conocido meses atrás estaba acusada de asesinar brutalmente a sus dos hijos. Los trabajadores sociales deberían haberlo visto venir.

Dos sobresalientes

Si hubieras conocido a Julie Schenecker en los años 70 u 80, no habría forma de que pensaras que un día sería acusada de matar a sus hijos. Era una buena hija, una estudiante excelente y una persona decidida.

Julie Schenecker nació como Julie Powers el 13 de enero de 1961, en una familia de clase media en la pequeña ciudad de Muscatine, Iowa. Muchos de los amigos de Julie y aquellos con quienes asistía a la escuela en la ciudad del sureste de Iowa nacieron en un entorno agrícola y permanecieron en la zona durante toda su vida. A Julie le gustaba la zona y su familia, pero siempre supo que estaba destinada a algo más grande. Se desempeñó bien en la escuela y obtuvo una beca para asistir a la Universidad del Norte de Iowa en Cedar Falls.

Julie se adaptó bien a la vida universitaria, manteniendo calificaciones altas mientras jugaba al voleibol y otros deportes. También desarrolló una extensa red social, pero tenía poco tiempo para el estilo de vida fiestero. Julie tenía grandes planes en la vida y las fiestas con barriles no la llevarían a donde quería estar.

Cuando llegó la graduación, Julie decidió tomar un camino ligeramente diferente al de la mayoría de sus compañeros. Se había desempeñado excepcionalmente bien en idiomas extranjeros en la universidad, lo que fue notado por un reclutador del Ejército de los Estados Unidos. El reclutador convenció a Julie sobre los beneficios de la vida en el Ejército, incluidas numerosas oportunidades profesionales al finalizar su servicio.

Tras graduarse, Julie se enlistó y fue enviada a Alemania Occidental para ser lingüista rusa. Sus habilidades y educación eran muy demandadas a finales de los años 80, durante la Guerra Fría, lo que a menudo la ponía en la misma sala con oficiales de alto rango. Uno de esos oficiales era Parker Schenecker.

Aunque Parker Schenecker también provenía de un entorno de clase media, su familia tenía una carrera militar, por lo que se mudaron con frecuencia durante su juventud. La familia Schenecker nunca permaneció mucho tiempo en un mismo lugar, lo que puede ser complicado para los hijos de algunas familias militares, pero el joven Parker parecía prosperar en esa aventura constante. Parker siguió el camino profesional de su padre y, después de graduarse de la universidad, se convirtió en oficial. Era verdaderamente feliz con su vida, pero quería a alguien con quien compartirla.

Mientras Parker ascendía en las filas del Ejército, alcanzando eventualmente el rango de coronel, conoció a Julie en una base en Múnich a finales de los años 80. La pareja se llevó bien de inmediato y parecía que eran una buena combinación: ambos eran personas inteligentes y ambiciosas que aparentemente iban a lograr grandes cosas en sus vidas. También estaban cerca de la misma edad y compartían el deseo de formar una familia. Sin embargo, la felicidad matrimonial de los Schenecker no duró mucho.

Problemas crecientes

Después de casarse, los Schenecker se convirtieron en una típica familia militar. Parker avanzaba constantemente en su carrera y tenía grandes planes para convertirse algún día en general, mientras que Julie planeaba ser la esposa y madre militar ejemplar. Pero casi de inmediato hubo señales de que la vida militar perfecta de los Schenecker tenía problemas importantes.

Quizás el constante cambio de residencia fue demasiado para Julie. Después de todo, era una chica del Medio Oeste acostumbrada a la estabilidad. Muchas personas encuentran estresante la vida militar, y a principios de los 90, Julie parecía estar al borde del colapso.

Julie fue diagnosticada con depresión y le recetaron medicamentos, que parecían funcionar. La pareja tuvo a su hija Calyx en 1994 y a su hijo Beau en 1997. La combinación de la medicación y la crianza de los dos hijos parecía sacar a Julie de su depresión, pero cuando los niños Schenecker llegaron a la adolescencia, todo comenzó de nuevo.

A principios de los 2000, los Schenecker se habían mudado a un bonito vecindario en Tampa, Florida, pero Parker estaba frecuentemente ausente, a veces durante largos períodos, debido a su trabajo. La depresión de Julie regresó en 2001 con tal severidad que fue hospitalizada brevemente ese año. Sin embargo, volvió a casa lista para ser la esposa y madre que había sido alguna vez, aunque, a finales de los 2000, su esposo estaba frecuentemente en el Medio Oriente. Esta situación significaba que Julie tenía que asumir la mayoría de las responsabilidades parentales, lo cual se volvía insostenible para ella debido a los cambios físicos, emocionales y sociales que acompañan a la pubertad y a la adolescencia. Julie y Calyx, especialmente, tuvieron numerosas peleas.

Como suele ocurrir en la relación entre padres y adolescentes, Julie tenía problemas con los amigos, la música y la ropa de Calyx, mientras que Calyx nunca se echaba atrás y siempre estaba dispuesta a confrontar a su madre. Había heredado un poco de obstinación de ambos padres. Las discusiones entre Julie y Calyx se volvían bastante intensas, con amenazas lanzadas en ocasiones, pero en una confrontación a finales de 2010, Julie cruzó la línea y golpeó a su hija. Calyx probablemente estaba más enfadada y herida por el hecho de que su madre la hubiera golpeado que por cualquier lesión física, pero aún así decidió llamar a la policía. La policía llegó a la residencia Schenecker y redactó un informe, pero después de hablar con Julie, decidieron marcharse sin presionar el asunto más. Después de todo, Julie Schenecker era una madre militar, ¡un paradigma de los valores estadounidenses! También era una mujer muy perturbada.

Salvando a sus hijos

Las personas de carrera militar tienden a ser muy organizadas y disciplinadas, lo cual puede ser beneficioso para la planificación a largo plazo, pero no cuando surgen problemas inesperados. Dicho esto, los problemas entre Julie y Calyx no eran necesariamente inesperados; eran parte de un proceso que llevaba tiempo gestándose antes de que los Schenecker tuvieran hijos.

Sin embargo, esto no formaba parte de los planes y objetivos a largo plazo de Parker, por lo que se negó a reconocer lo que estaba a punto de suceder frente a él. A medida que el conflicto entre Julie y Calyx alcanzaba un crescendo volátil, Parker hizo lo que muchos familiarizados con el caso consideraron inexplicable: abandonó el país. En justicia hacia Parker, él era un oficial de alto rango en el Ejército, así que cuando le llamaban al deber, tenía que ir, sin preguntas. Así que, cuando Parker recibió órdenes de ir al Medio Oriente a mediados de enero de 2011, se marchó.

El militar no parecía haber creado un plan de contingencia para su familia al irse, lo cual es un poco extraño considerando su trayectoria. Quizás solo quería alejarse de la situación y esperaba que todo se solucionara mientras él estaba fuera. La situación ciertamente se resolvió, pero no de la manera que él hubiera querido.

Mientras Parker estaba ausente, Julie continuó con su rutina diaria. Llevaba a sus hijos al colegio y realizaba sus otras tareas, con una adicional durante la semana del 27 de enero: compró una pistola calibre .38. Basándose en su historial de problemas mentales, Julie probablemente no debería haber podido conseguir un arma, pero lo hizo, lo que le permitió llevar a cabo su diabólico plan.

El 27 de enero comenzó como cualquier otro día en el hogar Schenecker. Era un día escolar, así que Beau y Calyx fueron al colegio, mientras que Julie pasaba el día haciendo diligencias. Julie planeaba "salvar" a sus hijos ese día.

Cuando Beau regresó a casa del colegio, probablemente no notó nada fuera de lo normal en su madre. Julie ocultó cuidadosamente lo que estaba a punto de hacer, ya que no quería que sus hijos lucharan ni que las cosas se volvieran "desordenadas".

Beau se preparó para el entrenamiento de fútbol y luego se subió al coche como lo hacía cualquier otro día. Julie se aseguró de que su hijo estuviera bien abrochado y luego, tras conducir unos kilómetros, sacó metódicamente la pistola y disparó a su hijo dos veces: una vez en la cara y otra en la cabeza. Luego condujo de regreso a casa para terminar su misión.

La tensión entre Julie y Calyx había sido extremadamente alta desde que Calyx llamó a la policía y solo empeoró después de que Parker se fue al Medio Oriente. Cuando las dos hablaban, generalmente terminaba en una discusión, así que para el 27 de enero rara vez se dirigían la palabra.

Pero esa noche, Julie había terminado de hablar con Calyx por completo. Ya no tenía que escuchar lo que su hija pensaba sobre nada y nunca más habría un conflicto entre ellas. Al igual que había hecho con Beau, Julie acechó metódicamente a Calyx, esperando el momento adecuado para matar a su hija. Calyx estaba en la computadora familiar esa noche, revisando sus redes sociales y haciendo tarea. Mientras actualizaba su última publicación, Julie se acercó sigilosamente por detrás y disparó una vez, enviando una bala por la parte posterior de la boca de la niña. Luego acabó con ella con un disparo en el cuello. Julie arrastró el cuerpo de Calyx a uno de los dormitorios, donde parece que pretendía unirse a ella. Luego sobredosis con una combinación de litio y Coumadin y escribió una nota de suicidio.

"Era mi momento de irme; el cielo me está esperando. He cumplido mi trabajo en esta tierra. El mejor trabajo que he tenido fue criar a mis bebés. Por eso tenía que llevarlos conmigo. Es muy posible que hayan heredado el ADN y vivan sus vidas deprimidos o bipolares. ¡Creí haberles salvado del dolor!", decía la nota.

Antes de que Julie pudiera desvanecerse en la muerte, un familiar preocupado llamó a la policía, quienes llegaron y pudieron salvarla.

Resolución

Después de pasar un día en el hospital, Julie Schenecker fue arrestada y acusada de dos cargos de asesinato en primer grado por la brutal muerte de sus dos hijos. Schenecker también fue acusada de cargos menores de asesinato en segundo grado y homicidio involuntario, y fue recluida en la cárcel del condado de Hillsborough sin posibilidad de fianza. Para empeorar las cosas para Julie, la oficina del Fiscal del Distrito anunció que, debido a la naturaleza brutal de los crímenes, buscarían la pena de muerte. En Florida, la pena de muerte se impone de manera rutinaria y también se lleva a cabo con bastante frecuencia.

Sin embargo, una vez que se reveló la magnitud de la enfermedad mental de Julie, el fiscal decidió retirar la petición de pena de muerte pero continuar con ambos cargos de asesinato. Si era condenada, Julie Schenecker probablemente pasaría el resto de su vida en una dura prisión de Florida.

Aunque Schenecker se sintió aliviada al saber que no sería ejecutada si era condenada por los asesinatos de sus hijos, se devastó aún más cuando Parker solicitó el divorcio en mayo de 2011. Parker estaba justificadamente enfadado con Julie y herido hasta el punto de que, tras el posible juicio, nunca quería volver a verla. La mayoría de las personas que siguieron el caso de Schenecker creían que sería un juicio fácil. Después de todo, ella había admitido haber cometido ambos asesinatos. Pero los abogados de Julie eran defensores vigorosos en su nombre y decidieron seguir una defensa por locura. En las últimas décadas, las defensas por locura rara vez se han intentado en los tribunales estadounidenses y han tenido éxito aún menos a menudo. Aun así, los abogados defensores de Schenecker sabían que, basándose en el historial de enfermedad mental de su clienta, tenían una pequeña posibilidad de un veredicto de "no culpable por razones de locura". Era un pensamiento iluso.

Cuando el jurado leyó el veredicto el 15 de mayo de 2014, fue culpable en todos los cargos. Posteriormente, a Schenecker se le impusieron dos cadenas perpetuas que se cumplirían concurrentemente, lo que significa que probablemente morirá en prisión. Antes de ser llevada a prisión después de su sentencia, Julie asumió algo de responsabilidad por sus crímenes.

"Lo siento. Me disculpo ante todos en esta sala...las vidas que he destruido", dijo Schenecker entre lágrimas. "Asumo la responsabilidad. Estuve allí. Sé...sé que disparé a mi hijo y a mi hija. No sé por qué".

Capítulo 10 - Andrea Yates

C omo se mencionó en el caso anterior, la defensa por locura rara vez se presenta en los tribunales estadounidenses y aún menos raramente tiene éxito cuando se intenta. Cada estado de la Unión tiene diferentes leyes y criterios sobre cuándo y cómo se puede utilizar esta defensa, pero en general se intenta en menos del 1% de los casos.

Aunque ha habido una tendencia desde la década de 1960 a tratar la enfermedad mental con comprensión y empatía, los tribunales estadounidenses han adoptado una postura algo opuesta, mostrando escepticismo hacia aquellos que presentan reclamaciones de enfermedad mental. A partir de la década de 1990, algunos estados incluso prohibieron el uso de la defensa por locura, lo cual ha sido respaldado por la Corte Suprema de los Estados Unidos.

A pesar de la carga de prueba mucho más alta y la tendencia general en contra de la "defensa por locura", todavía se intenta de vez en cuando y, ocasionalmente, tiene éxito. En términos generales, aquellos que son absueltos de cargos de asesinato por razones de locura cuentan con una gran cantidad de pruebas que respaldan sus afirmaciones. Por lo general, han sido ingresados en un centro de salud mental al menos una vez y suelen estar bajo medicación.

Pero los psicólogos y psiquiatras que trabajan en el sistema de justicia penal señalarán que incluso las personas afectadas por los casos más graves de enfermedad mental rara vez cometen actos de violencia. Aquellos que lo hacen suelen ser personas con enfermedades mentales crónicas que también han estado sometidas a eventos personales o profesionales devastadores durante sus crisis psicóticas.

La madre texana Andrea Yates fue una de esas personas.

La vida de Andrea Yates parecía estar en camino hacia la grandeza a principios de la década de 1990: tenía una gran carrera como enfermera, se había casado recientemente con un joven ambicioso y estaba a punto de formar una gran familia. Sin embargo, en menos de cinco años, todo comenzó a colapsar rápidamente para Andrea. Descendió a un abismo aparentemente interminable de enfermedad mental que nada podía curar. Finalmente, el 20 de junio de 2001, Andrea transfirió su miseria a los miembros más indefensos de su familia: sus cinco hijos pequeños.

La masacre de los hijos de Yates conmocionó a Estados Unidos, pero también trajo debates sobre la enfermedad mental al primer plano. Mientras las personas debatían sobre el tema general de la enfermedad mental en programas de conversación y en Internet, los abogados de Andrea Yates decidieron formar parte del menos del 1% de todos los casos presentando una defensa por locura. Los resultados del caso han dejado a la gente sacudiendo la cabeza y preguntándose si se hizo justicia.

Una chica complicada

Andrea Yates nació el 2 de julio de 1964 en el pequeño pueblo de Hallsville, Texas, hijo de Andrew y Jutta Kennedy. No sucedía mucho -ni sigue ocurriendo- en Hallsville, pero así era como a los padres de Andrea les gustaba. Hallsville era el tipo de comunidad donde todos se conocían y donde casi todos en el pueblo pertenecían a una de sus muchas iglesias.

Los Kennedy eran cristianos fervientes y trataban de vivir sus vidas de esa manera, no solo con los valores que enseñaban a sus hijos y las cosas que hacían día a día, sino también en el tipo de familia que formaron.

Eran creyentes firmes en el proverbio bíblico que dice que el hombre debe ser fructífero y multiplicarse.

Andrea era la menor de cinco hijos, lo que significaba que siempre tenía hermanos mayores que la cuidaban y protegían. Su familia se preocupaba bien por ella y, desde una edad temprana, mostró signos de precocidad. Andrea siempre hacía preguntas y le iba bien en la escuela primaria y secundaria. También se llevaba bien con otros estudiantes y profesores.

Andrea fue nombrada oradora del curso de graduación de 1982, lo cual fue un momento de orgullo para toda la familia Kennedy. Pero ser la oradora no era solo algo del último año; le fue bien durante toda su carrera en el instituto y fue miembro de la Sociedad Nacional de Honor.

Según la mayoría de los relatos, Andrea era bastante completa durante sus años en el instituto. Además de sobresalir académicamente, también era bastante atlética y capitana del equipo femenino de natación de su escuela. Pero bajo la fachada de la joven estable, exitosa y ambiciosa que proyectaba, Andrea tenía problemas serios.

Comenzó a sufrir de bulimia en su adolescencia, lo que pudo haber sido provocado por una combinación del deseo de encajar y la necesidad de mantenerse en forma para los deportes. La bulimia es definitivamente un trastorno mental que se toma muy en serio hoy en día, pero a principios de la década de 1980, especialmente en el este rural de Texas, no era algo que se considerara. Muchas personas habrían pensado que era una forma normal para una joven de mantener su figura.

Según una de las amigas de Andrea en el instituto, ella también tenía tendencias suicidas, lo que podría estar relacionado con la bulimia. A pesar de sus problemas de salud mental en la juventud, Andrea Kennedy fue aceptada en la escuela de enfermería de la Universidad de Texas. Al igual que en el instituto, Andrea estudió mucho, evitó las fiestas y se graduó con honores en 1986.

Rusty Yates

Russell "Rusty" Yates nació en 1965 en el norte del estado de Nueva York. La familia Yates se mudó a Tennessee poco después de que Rusty naciera, donde pasó la mayor parte de su infancia. En muchos aspectos, la infancia de Rusty reflejaba la de Andrea. Le iba bien en la escuela, era bien querido y, lo más importante, era cristiano. Pero Rusty no era necesariamente un "fanático religioso" o un "predicador de la Biblia", al menos no hasta que fue a la universidad.

Para la mayoría de los jóvenes de principios de la década de 1980, al igual que hoy en día, la universidad es el primer contacto con la libertad. Cuando no estaban en clase, muchos estudiantes universitarios experimentan con drogas, sexo y alcohol y suelen rebelarse contra la forma en que fueron criados. Pero Rusty Yates no era así.

Cuando Rusty fue aceptado en la Universidad de Auburn en Auburn, Alabama, no llegó allí pensando en fiestas, chicas o incluso fútbol. Rusty era un joven orientado a objetivos que se enfocaba en sus estudios. Como estudiante de ingeniería, su carrera no era fácil. Rusty tuvo que cursar muchas asignaturas de matemáticas y física, pero sobresalió en todas ellas. A pesar de ser un ratón de biblioteca durante toda su etapa universitaria, Rusty sí encontró tiempo para actividades extracurriculares. La idea de un buen rato para Rusty durante el fin de semana era leer las escrituras con algunos amigos e ir a la iglesia. Al igual que Andrea en Texas, las creencias espirituales y religiosas de Rusty fueron inculcadas en él desde niño, pero mientras estaba en Auburn, conoció a un joven y carismático predicador callejero llamado Michael Peter Woroniekci. Como exlinebacker de fútbol americano universitario, Woroniekci no se parecía al típico predicador callejero y tampoco sonaba como uno. Woroniekci predicaba un estilo de cristianismo fundamentalista, lleno de fuego y azufre, que estaba fuertemente influenciado por el Antiguo Testamento.

Rusty Yates prestaba atención a cada palabra de Woroniekci y llevó sus enseñanzas consigo cuando se mudó a Texas a finales de la década de 1980. El arduo trabajo y las oraciones de Rusty dieron sus frutos; consiguió un puesto como ingeniero en la NASA y se trasladó a Texas para comenzar el siguiente capítulo de su vida. Pero, como buen hombre cristiano, le faltaba algo: una esposa.

Andrea Kennedy conoció a Rusty Yates en el complejo de apartamentos de Houston donde ambos vivían a principios de la década de 1990. Para todos los que los conocían, parecían la pareja perfecta: ambos eran jóvenes profesionales, ninguno consumía alcohol ni drogas y, lo más importante, ambos eran cristianos fundamentalistas. La pareja se casó en 1993 y de inmediato se propuso cumplir con su deber cristiano formando una gran familia.

Construyendo una familia

Poco después de casarse, Andrea y Rusty se establecieron en un tranquilo estilo de vida suburbano. Compraron una casa en la ciudad de Friendswood, Texas, que se encuentra a medio camino entre Houston y Galveston. Rusty ganaba buen dinero con su puesto en la NASA y Andrea estaba a punto de renunciar a su carrera de enfermera por lo que deseaba hacer—o al menos por lo que pensaba que quería hacer—la maternidad.

Cuando Andrea anunció que estaba embarazada a mediados de 1993, todo parecía ir bien para la familia Yates: Rusty ganaba buen dinero, la pareja parecía feliz y estaban a punto de tener su primer hijo de muchos. Rusty trabajaba largas horas, a menudo dejando a Andrea sola, pero todo se hacía por el sacrificio hacia su primer hijo, Noah, que nació el 26 de febrero de 1994.

A finales de 1994, Rusty recibió una oferta de trabajo en Florida que pagaba más, pero significaba que estarían lejos del apoyo de la familia de Andrea. Aun así, la oferta era demasiado buena para que Rusty la rechazara, así que él y Andrea se mudaron a Seminole, Florida. Vivieron en un remolque en una comunidad de clase media alta, que en cierta manera simbolizaba la vida que Andrea comenzaba a llevar en ese momento—aunque no necesariamente aislada, Andrea estaba apartada del resto.

Por su parte, Rusty creía que todo lo que Andrea necesitaba como compañía eran sus hijos, y dado que estaba a punto de tener el segundo hijo de la pareja a principios de 1995, sentía que no había razón para que se sintiera sola. John nació el 15 de diciembre de 1995, y durante un tiempo parecía que Andrea estaba feliz. La pareja esperó un tiempo para tener su tercer hijo, y en ese período no había señales de que Andrea estuviera sufriendo alguna enfermedad mental. Podría ser simplemente un caso de que Andrea ocultara sus problemas, pero basándose en el hecho de que no tenía miedo de buscar ayuda médica en años posteriores por sus problemas de salud mental, se puede suponer que estaba bien a mediados de la década de 1990.

Andrea tuvo a Paul el 13 de septiembre de 1997, y en cuestión de meses, la situación para la madre cambió nuevamente. Parece que se acostumbró al relativo aislamiento de Florida, hizo algunas amistades y se adaptó a la maternidad, pero luego Rusty recibió una oferta de trabajo de nuevo en Houston, así que mudó a la familia, sin hacer preguntas, de regreso al lugar donde habían comenzado.

La mudanza de vuelta a Texas no fue buena para Andrea. Dió a luz al cuarto hijo de la pareja, Luke, el 15 de febrero de 1999, y poco después, las cosas comenzaron a desmoronarse rápidamente en la casa de los Yates.

Un estado mental en decadencia

A pesar de estar más cerca de su familia extendida y de volver a su estado natal, el estado mental de Andrea Yates se deterioró rápidamente en las semanas posteriores al nacimiento de Luke. Rusty trabajaba largas horas, así que o estaba demasiado ocupado para notar la situación o simplemente no quería admitir lo que estaba ocurriendo. Sin embargo, debería haber sido bastante obvio, ya que Andrea se volvió más retraída y parecía no preocuparse por nada, ni siquiera por sus hijos.

Finalmente, el 17 de junio de 1999, Andrea intentó suicidarse con pastillas. Aunque algunos miembros de la familia de Andrea pensaron que podría ser un "grito de ayuda", muchos estaban convencidos de que era un intento legítimo de suicidio. De cualquier forma, Rusty decidió finalmente que Andrea necesitaba ayuda, así que la llevó a ver a un psiquiatra. A Andrea le recetaron antidepresivos, que parecieron no tener efecto, ya que más tarde intentó quitarse la vida con un cuchillo.

Rusty y otros miembros de las familias Yates y Kennedy parecían no saber qué hacer, así que enviaron a Andrea a una psiquiatra llamada Dra. Eileen Starbranch. La Dra. Starbranch diagnosticó a Andrea con psicosis posparto y le recetó Haldol.

El público en general sabía poco sobre la psicosis posparto en 1999, pero la comunidad médica había estado estudiando sus efectos y tratamiento durante algún tiempo. Andrea parecía reaccionar bien al Haldol junto con las sesiones de terapia. Parecía más feliz a finales de 1999 y principios de 2000, pero Starbranch fue firme con ella al decirle que no debería tener más hijos. "Podría predecir bastante bien que la Sra. Yates tendría otro episodio de psicosis", recordó más tarde Starbranch.

A pesar de las advertencias de Starbranch, Rusty y Andrea decidieron seguir adelante con sus planes de agrandar la familia. El 30 de noviembre de 2000, dieron la bienvenida a su primera y única hija, Mary Deborah. Casi tan pronto como nació Mary, Andrea volvió a caer en su depresión y estado casi catatónico. Tenía dificultades para cuidar de sus hijos, lo que se agravó por otros factores desencadenantes que ocurrían en su vida.

La muerte del padre de Andrea en marzo de 2001 fue un shock particular para la ya frágil madre de cinco hijos. Andrea estaba especialmente unida a su padre, siempre viéndolo como una fuente de apoyo. Hablaba regularmente con él por teléfono y lo visitaba en persona siempre que podía.

Cuando Andrew Kennedy falleció, una parte de Andrea se fue con él. Dejó de tomar Haldol después de la muerte de su padre y rápidamente descendió a un abismo de enfermedad mental del cual no pudo escapar. Y llevaría a varios otros con ella.

La masacre en Clear Lake City

Aunque Rusty puede que no entendiera lo que su esposa estaba atravesando, hizo algunos esfuerzos para aliviar su dolor. Mudó a la familia a una casa bonita y cómoda en el suburbio de Clear Lake City, con la esperanza de que eso ayudaría a mejorar la situación en general. La casa estaba en un buen vecindario y cerca de parques y tiendas, pero nada de eso parecía interesar a Andrea. Ella prefería quedarse sentada en su habitación.

Las cosas se volvieron tan malas a principios de junio de 2001 que el médico de Andrea le dijo a Rusty que necesitaba ser monitoreada las 24 horas. Así que Rusty se reunió con personas de ambas familias para elaborar un horario de "vigilancia". Cuando Rusty estaba en el trabajo, su madre o alguien más estaría allí hasta que él regresara.

Pero Rusty era un hombre terco y creía que podía resolver las cosas tan bien como cualquier médico. Comenzó a dejar a Andrea sola en casa por períodos más largos cada día, creyendo que eso eventualmente la ayudaría a superar su psicosis posparto.

El 20 de junio de 2001 fue uno de esos días. Solo debería haber una hora de intervalo entre cuando Rusty salió para ir al trabajo y cuando su madre llegara a cuidar de ella.

La masacre en Clear Lake City

Aunque Rusty puede que no entendiera lo que su esposa estaba atravesando, hizo algunos esfuerzos para aliviar su dolor. Mudó a la familia a una casa bonita y cómoda en el suburbio de Clear Lake City, con la esperanza de que eso ayudaría a mejorar la situación en general. La casa estaba en un buen vecindario y cerca de parques y tiendas, pero nada de eso parecía interesar a Andrea. Ella prefería quedarse sentada en su habitación.

Las cosas se volvieron tan malas a principios de junio de 2001 que el médico de Andrea le dijo a Rusty que necesitaba ser monitoreada las 24 horas. Así que Rusty se reunió con personas de ambas familias para elaborar un horario de "vigilancia". Cuando Rusty estaba en el trabajo, su madre o alguien más estaría allí hasta que él regresara.

Sin embargo, Rusty era un hombre terco y creía que podía resolver las cosas tan bien como cualquier médico. Comenzó a dejar a Andrea sola en casa por períodos más largos cada día, creyendo que eso eventualmente la ayudaría a superar su psicosis posparto.

El 20 de junio de 2001 fue uno de esos días. Solo debería haber una hora de intervalo entre cuando Rusty salió para ir al trabajo y cuando su madre llegara a cuidar de Andrea y los niños. Pero una hora era más que suficiente para que Andrea llevara a cabo el homicidio masivo.

Tan pronto como Rusty se fue a trabajar, Andrea llenó una de las bañeras de la casa y comenzó a llamar a los niños al baño uno por uno. Primero fue John, quien no pensó que había algo fuera de lo común cuando su madre sumergió su cabeza bajo el agua una última vez.

Luego vino Paul y después Luke, a quienes pudo despachar bastante rápido. Luego colocó sus cuerpos en sus camas. La bebé Mary fue la siguiente. Justo después de ahogar a Mary, el hijo mayor de Andrea y el último sobreviviente, Noah, preguntó: "¿Qué le pasa a Mary?" cuando vio a su hermana pequeña flotando en la bañera. Intentó escapar, pero Andrea lo persiguió, lo llevó de regreso al baño y ahogó a Noah como había hecho con todos sus hermanos. Andrea luego tomó el cadáver de Mary y lo puso en los brazos de John. Dejó a Noah flotando en la bañera.

Sigue siendo un misterio por qué Noah fue dejado en la bañera mientras que sus hermanos fueron ceremoniosamente colocados en sus camas. Quizás Andrea estaba enojada con él por intentar resistirse a su asesinato masivo. O tal vez no había una razón real para ello más allá de que su madre estaba desequilibrada. Lo que ocurrió a continuación parece confirmar la teoría del desequilibrio.

Andrea no tomó ninguna medida para ocultar lo que había hecho. No hay forma de que una persona pueda ocultar un homicidio masivo, pero podría haber intentado hacer que pareciera obra de un intruso, como han hecho muchos otros asesinos. En cambio, Andrea llamó tranquilamente a la policía y les dijo que vinieran a la dirección. Luego llamó a Rusty al trabajo y solo dijo: "Es hora", antes de colgar. Andrea Yates fue arrestada en la escena bajo sospecha de asesinato en primer grado y llevada a la cárcel del Condado de Harris para ser fichada.

El primer juicio

Mientras Yates era llevada al centro de la comisaría, los oficiales que respondieron aseguraron la escena y los detectives que llegaron más tarde se horrorizaron ante lo que vieron. Detectives endurecidos que habían presenciado numerosos crímenes y actos de violencia en las duras calles del Condado de Harris, Texas, tuvieron dificultades para recomponerse. Los vecinos de los Yates, en el normalmente tranquilo vecindario, salieron de sus casas, curiosos por la situación, y se quedaron igualmente impactados al conocer las circunstancias.

Mientras tanto, en la comisaría, Andrea no intentó ocultar lo que había hecho y ofreció una confesión completa, aunque extraña. "Mis hijos no eran justos. Tropezaron porque yo era malvada. De la forma en que los estaba criando, nunca podrían salvarse," dijo Andrea. "Estaban condenados a perecer en las llamas del infierno."

Los detectives y fiscales que escucharon la confesión estaban perplejos, pero eso fue seguramente suficiente para acusarla y probablemente condenarla por cinco cargos de asesinato capital. En Texas, el asesinato capital significa que, si es condenada, la acusada probablemente enfrentará la pena de muerte. Yates fue colocada en un ala protectora de la cárcel del Condado de Harris y no se le otorgó fianza. O bien ganaría el caso en su contra y saldría por la puerta del tribunal, o sería enviada a prisión por el resto de su vida o moriría por inyección letal. Sin embargo, había una mínima posibilidad de que Andrea no fuera culpable por razones de locura.

La estrategia de la fiscalía era confiar totalmente en las pruebas, que mostraban inequívocamente que Andrea había asesinado a sus cinco hijos. La fiscalía no tenía la obligación de probar un motivo, pero insinuaron que Andrea asesinó a sus hijos como parte de algún tipo de retorcida venganza conyugal.

La fiscalía nunca mencionó el estado mental de Andrea.

La defensa tenía poco con qué trabajar y se vio obligada a intentar una defensa por locura. Los abogados de Andrea presentaron la documentación de su larga lucha con problemas mentales y llamaron a numerosos amigos y familiares, así como a sus médicos, para testificar en su nombre. Los abogados de la defensa también culparon a Woroniekci como un líder de culto que se aprovecha de las condiciones mentales de las personas.

El jurado parecía estar influenciado por algunos de los argumentos de la defensa y Andrea lucía algo simpática mientras se sentaba junto a sus abogados, llorando. Patética podría ser una mejor palabra que simpática, pero parecía estar eliciting cierta cantidad de simpatía o lástima del jurado.

En marzo de 2002, el juicio concluyó y el jurado devolvió su veredicto: culpable en todos los cargos. Aunque Yates fue condenada por todos los asesinatos, fue un veredicto algo dividido. El jurado coincidió en que el estado mental de Yates jugó un papel en el asesinato y, por lo tanto, fue un factor atenuante en su sentencia de cadena perpetua en

JAVIER SOTO

lugar de la pena de muerte. Pero, ¿qué tipo de vida podría esperar una mujer que asesinó a sus cinco hijos tras las rejas?

El segundo juicio

Yates ingresó en el sistema penitenciario de Texas con un gran blanco en su espalda. Aunque las prisiones de mujeres son mucho menos violentas que las de hombres en Estados Unidos, están llenas de madres separadas de sus hijos. La mayoría de estas mujeres cumplen condena por cargos diferentes al abuso infantil, así que cuando se introduce a una mujer que ha asesinado a sus cinco hijos en la población, es seguro que irritará a algunas de las reclusas.

Andrea mantuvo la cabeza baja y evitó problemas. Se le administraron varios medicamentos que parecieron mejorar su estado mental, lo suficiente como para poder trabajar con sus abogados en su apelación. Pero, ¿qué motivos tenía Yates para apelar? Después de todo, los abogados de Yates presentaron una defensa por locura vigorosa, pero fue rechazada por un jurado legítimo. Sin embargo, los abogados de Yates fueron lo suficientemente minuciosos como para encontrar una tecnicidad.

Uno de los testigos clave de la fiscalía en el juicio fue el destacado psiquiatra forense Dr. Park Dietz. Para 2002, Dietz había construido una impresionante reputación profesional a partir de su práctica privada al inicio de su carrera y luego como testigo experto en varios casos penales de alto perfil. Testificó para la fiscalía en el juicio por el intento de asesinato del presidente Ronald Reagan por John Hinckley Jr. y en el juicio de Jeffrey Dahmer. En ambos casos, refutó los argumentos de la defensa que sostenían que sus clientes estaban locos. Tenía un registro perfecto en esos juicios.

En el juicio de Yates, Dietz argumentó que Andrea no estaba loca porque obtuvo la idea de ahogar a sus hijos de un episodio del popular programa de televisión *Law and Order*. El único problema era que ningún episodio similar se había emitido antes de que Andrea matara a sus hijos. La Corte de Apelaciones de Texas consideró que el testimonio falso proporcionado por Dietz constituía una injusticia, así que el 6 de enero de 2005, anuló todos los veredictos del primer juicio de Andrea, lo que significaba que todo el proceso tendría que repetirse.

En muchos casos similares, la fiscalía a menudo ofrece un acuerdo de culpabilidad al acusado con una condena mucho menor, pero en el caso de Andrea, no había tal acuerdo en marcha. En cambio, sus abogados decidieron seguir una estrategia de defensa basada en la historia.

El segundo juicio

Daniel M'Naghten asesinó a otro hombre en Inglaterra en 1843. M'Naghten fue declarado no culpable por razón de locura por el jurado en uno de los primeros casos registrados de este tipo en el mundo de habla inglesa. El veredicto influiría más tarde en los tribunales de otros países de habla inglesa, incluidos los Estados Unidos, para aceptar el "no culpable por razón de locura" u otros veredictos con redacciones similares como un veredicto legítimo en los tribunales. Aunque muchos estados de EE. UU. habían comenzado a alejarse de lo que se conoce como la "Regla M'Naghten" después de la Segunda Guerra Mundial, Texas no era uno de esos estados.

Cuando Andrea Yates fue llevada de regreso al Condado de Harris en enero de 2006, se produjo el primer giro increíble en lo que tendría más de unos pocos giros interesantes en su caso. Para sorpresa de todos en la sala del tribunal, y casi de todos en América, el juez otorgó a Andrea la fianza.

Por supuesto, había estrictas condiciones para su fianza: tenía que llevar un dispositivo de monitoreo, debía registrarse regularmente con un oficial del tribunal y se le prohibía estar cerca de niños. Aun así, el hecho de que se le concediera la fianza por cinco cargos de asesinato indicaba hacia dónde se inclinaba el juez, lo que no presagiaba nada bueno para la fiscalía.

Otro giro interesante en el caso involucró a Rusty Yates. Rusty estaba, por supuesto, devastado por la pérdida de sus cinco hijos y solicitó el divorcio de Andrea en 2004, lo cual se hizo oficial en 2005. En verdadero espíritu cristiano de perdón, continuó apoyándola en su búsqueda de un nuevo juicio. "Lo que le pasó a mi familia siempre estará conmigo y asociado a mí," dijo Rusty en una entrevista en 2004. "Pero me gustaría que la gente supiera que tuvimos una gran familia. Me gustaría que la gente supiera que algo bueno puede surgir de todo esto y quiero ser parte de ello." Aunque Rusty nunca articuló claramente qué era lo "bueno" que podría surgir de la tragedia, fue vocal en su opinión de que Andrea debería estar en una instalación de salud mental, no en prisión.

El juicio de Andrea finalmente comenzó en el verano de 2006 y, en una sala del tribunal mucho más tranquila que el primer juicio, el jurado devolvió un veredicto de no culpable por razón de locura el 26 de julio de 2006. El público quedó verdaderamente atónito por este último giro en el caso del asesinato masivo de Andrea Yates.

Andrea fue enviada al Hospital Estatal del Norte de Texas en Vernon, Texas, donde permanece hasta el día de hoy. Pero la mayoría de las personas se preguntaban en ese momento—y aún lo hacen—qué significa exactamente la sentencia. ¿Significa que Andrea Yates, una de las asesinas en serie más notorias de Estados Unidos, podrá volver a las calles algún día?

La abogada y expresentadora de Court IV, Jean Casarez, explicó la implicación para su audiencia en 2006 después de que se anunciara el veredicto. "En algún momento, debido a que el tribunal tendrá jurisdicción continua sobre su caso, ella podría comparecer ante un juez con médicos y un abogado para decir que ya no es un peligro para sí misma o para otros, y en ese punto, podría ser liberada," dijo Casarez. "Tomen a John Hinckley... Tomó 21 años, pero ahora tiene visitas al hogar tres y cuatro noches a la vez con su familia."

Si Andrea Yates alguna vez es liberada, sería verdaderamente el mayor giro hasta ahora en un caso increíblemente trágico y bizarro.

Capítulo 11 - Lexus Stagg

asta ahora en este libro, todos los casos analizados han presentado a madres que asesinaron a sus hijos de manera premeditada, a veces debido a problemas de salud mental, pero siempre de una forma que demostraba una gran malicia.

Aunque el siguiente caso no es menos trágico, se trata de uno donde la víctima murió como resultado de la irresponsabilidad más que de cualquier otra cosa. Lexus Stagg era una joven madre que no debería haber estado al volante, y mucho menos encargándose de tres hijos. Por alguna razón, esta madre de 26 años pensó que obligar a sus hijos a jugar a "pillarse" con un Lincoln Navigator 2006 era una buena idea. "Deberías estar jugando al escondite con un niño de 3 años en lugar de obligarlo a intentar esquivar un arma mortal de 2.500 kilos", dijo Sean Teare, jefe de la división de delitos vehiculares de la Oficina del Fiscal del Condado de Harris. La situación puede parecer inexplicable para la mayoría de las personas, pero fue capturada en video tal como dijo el jefe Teare.

En la tarde del 11 de junio de 2019, Lexus Stagg salió de su apartamento con sus tres hijos. El video muestra que Stagg se metió en el vehículo sola y retrocedió rápidamente, mientras los tres niños la seguían. Luego, avanzó rápidamente hacia los niños, lo que les obligó a saltar para apartarse. Sin embargo, no todos los hijos de Stagg pudieron esquivar el vehículo.

Lord Renfro Stagg, de tres años, era demasiado pequeño y lento para apartarse del SUV que cargaba hacia él. Cayó bajo las ruedas del vehículo y murió instantáneamente. La investigación posterior reveló que no solo se podría haber evitado la muerte de Renfro, sino que Lexus Stagg puso en peligro a todos sus hijos en numerosas ocasiones con su juego de "pillarse". Era un juego que siempre ganaba, hasta el día en que su hijo menor perdió.

Algunas personas nunca deberían tener hijos

Sin duda has oído la frase: "Algunas personas nunca deberían tener hijos", o quizás la hayas dicho tú mismo. Es cierto, pero desafortunadamente, las personas que nunca deberían tener hijos suelen ser las que más tienen. Estos niños generalmente crecen en la pobreza, rodeados de delincuencia, y tienen padres negligentes o abusivos. Lexus Stagg era el ejemplo perfecto de quienes no deberían convertirse en padres, así que, por supuesto, trajo al mundo a tres hijos que no podía manejar.

Dado que el caso de Stagg sigue en curso, muchos de los detalles sobre su pasado aún no han salido a la luz. Los que han aparecido son algo impactantes. Stagg vivió toda su vida en el oeste de Houston, que es donde residía el 11 de junio de 2019. Tenía dos hijos antes de que naciera Lord en 2016, pero los registros indican que tampoco hizo un buen trabajo criándolos.

Los Servicios de Protección Infantil del Condado de Harris le quitaron a los dos niños en 2013, por razones que aún no están claras. Los vecinos han comentado a los periodistas que rara vez estaba en casa y dejaba a sus hijos a su suerte. "Me sentía mal porque esos padres nunca estaban allí, eran un poco negligentes", dijo el vecino Walter Turcios.

Los dos hijos mayores de Stagg fueron enviados a vivir con familiares durante un tiempo, pero como suele suceder en estos casos en los Estados Unidos, eventualmente se les devolvió a su madre. No hay evidencia de que Stagg realmente disfrutara ser madre o tuviera algún tipo de afecto genuino por sus hijos, pero no tener a sus hijos en casa significa que cualquier ayuda gubernamental que pudiera estar recibiendo podría llegar a su fin. Tan irresponsable como fue Stagg con sus dos primeros hijos, hizo lo más irresponsable que se puede imaginar al tener otro hijo en 2016. La tercera vez no fue la vencida—ni para Lord ni para Stagg.

El Juego Mortal

Según los informes policiales y entrevistas con los vecinos de Stagg, ella disfrutaba jugar un peligroso juego de "pillarse" con sus hijos. Si no estás familiarizado con el juego, normalmente involucra a dos personas conduciendo sus coches una hacia la otra; el primero que se aparta es el "gallina".

Hay diferentes variaciones del juego, que es aparentemente lo que Stagg disfrutaba hacer con sus hijos. En la versión de Stagg, solo los niños podían ser "gallinas". Ella retrocedía rápidamente con su vehículo y luego los niños se reunían frente al coche. Después, aceleraba rápidamente y ellos generalmente saltaban para apartarse. Si te estás preguntando cuál era el propósito de este "juego", no estás solo. No parece haber otro objetivo más que servir como fuente de diversión para Stagg.

El 11 de junio de 2019 fue una típica noche cálida y húmeda en Houston. Eran las 7:00 p.m., y Stagg planeaba llevar a sus hijos a comer comida rápida y hacer algunos recados; pero antes de salir, había una rutina normal de jugar a "pillarse".

Todo comenzó tal como lo había hecho en innumerables ocasiones anteriores, pero cuando los niños debían saltar para apartarse, Stagg solo vio a sus dos hijos mayores desviándose hacia un lado. Lord no estaba por ningún lado. Mientras los niños se apartaban, Lord debió tropezar, ya que cayó bajo la rueda delantera derecha del SUV.

Aunque Stagg atropelló a Lord, probablemente la rueda delantera no fue lo que le causó la muerte. Después de pasar por encima de Lord con la rueda delantera, Stagg o entró en pánico o no se dio cuenta de que acababa de atropellar a su hijo, y siguió adelante, pasando por encima de la cabeza de Lord con la rueda trasera. No hace falta decir que Lord murió en el lugar.

Un Intento de Encubrimiento

Los vecinos que presenciaron el accidente salieron rápidamente de sus apartamentos para ayudar, y en cuestión de minutos, la policía y las ambulancias llegaron al lugar. Stagg le dijo a los oficiales que Lord había muerto cuando ella estaba retrocediendo y que pensaba que había golpeado un tope de velocidad. Luego dijo que fue "un accidente desafortunado".

Sin embargo, la policía encontró extraño lo sucedido. Si Stagg iba a hacer recados con sus hijos como afirmaba, ¿por qué no estaban en el coche con ella? Tampoco parecía tener sentido que el accidente ocurriera en medio del aparcamiento y que Stagg pareciera más preocupada por lo que le pasaría a su coche que por lo que acababa de sucederle a su hijo. La policía tomó la declaración de Stagg y le dijo que era libre de irse.

En los días siguientes, tanto la policía como Stagg estaban ocupados. El detective entrevistó a los vecinos de Stagg y descubrió que ella no era una gran madre. Aunque no se sorprendieron por la revelación, parecía confirmar sus sospechas de que había más en la muerte de Lord que un simple accidente.

Stagg también estaba ocupada. Inmediatamente se dirigió a sus cuentas de redes sociales para buscar simpatía y, ostensiblemente, para proporcionarse un coartada. Stagg repitió lo que le había dicho a la policía: que fue un "accidente" y que estaba muy dolida. En un largo y confuso homenaje mal redactado que hizo a su hijo en Facebook, Stagg escribió: "¿Qué le digo a mi hija de 5 años que presenció la muerte de su hermano?".

A pesar de que Stagg afirmaba haber atropellado a su hijo en un accidente, las imágenes de las cámaras de seguridad del complejo de apartamentos demostraron lo contrario. Dos semanas después de matar a su hijo, Lexus Stagg fue acusada de homicidio por negligencia criminal en su muerte. Aunque Stagg enfrenta hasta diez años de prisión si es condenada, esto dista mucho del asesinato en segundo grado, cargo que muchos en el área de Houston creen que debería enfrentar. El verdadero insulto llegó cuando Stagg asistió a su primera comparecencia en el tribunal.

Como es habitual en la mayoría de los estados estadounidenses, un acusado que enfrenta cargos por delitos graves y que está detenido en la cárcel generalmente comparece ante un juez en cuestión de días para una audiencia de fianza. Los fiscales del Condado de Harris solicitaron una fianza de $50,000 para Stagg, que habría sido acorde a lo que otros acusados con cargos similares suelen recibir. Incluso si un fiador cubriera el 90% de la fianza, aún habría sido demasiado para Stagg, manteniéndola efectivamente en la cárcel hasta el juicio o hasta que se alcanzara un acuerdo de declaración.

Pero el juez tenía otras ideas. Por alguna razón, fijó la fianza de Stagg en la inusualmente baja cantidad de $1,500, una suma que normalmente se reserva para delitos menores. Una vez que los medios locales se hicieron eco del caso, el público se indignó por la baja fianza del juez. Tres días después de emitir la fianza baja, el juez volvió a convocar a Stagg al tribunal con lo que parecía ser un compromiso, fijando la nueva fianza en $25,000. Lexus Stagg se encuentra actualmente en la cárcel del Condado de Harris a la espera de juicio.

Capítulo 12 - Susan Smith

Muchos de los que lean esto probablemente recordarán el siguiente caso o al menos algo del espectáculo mediático que lo rodeó. Dependiendo de cómo se mire, todo comenzó —o se intensificó— el 25 de octubre de 1994, cuando una madre de Carolina del Sur, de 23 años, informó a la policía que acababa de ser víctima de un robo de coche y que sus hijos, de 3 años y 14 meses, todavía estaban en el vehículo.

Se proporcionó una descripción muy genérica de un hombre negro que llevaba un gorro. Los detalles sobre dónde y cómo ocurrió el robo también eran confusos. Aun así, la madre ofreció conferencias de prensa junto a su marido, el padre de los niños, donde lloraba profusamente, suplicando al supuesto secuestrador que liberara a sus hijos.

América estaba atrapada en la fascinación y el horror por el caso. La madre parecía tan creíble y comprensiva; después de todo, el crimen era un problema que cada vez afectaba a más personas en la década de 1990. Sin embargo, la policía no estaba tan convencida de la historia de la madre. Los detalles seguían cambiando y la idea de un robo de coche aleatorio que terminara en asesinato, aunque posible, parecía poco plausible en esa comunidad en particular en ese momento.

Finalmente, tras una intensa presión policial, la mujer confesó haber arrojado el coche en un lago con sus hijos dentro. Algunos de ustedes pueden saber que esa mujer es Susan Smith, pero es probable que no conozcan toda la historia. El impactante caso comenzó mucho antes de que Smith matara a sus hijos y los culpara de un espectro, y por varias razones, sigue siendo una historia relevante hoy en día. No hay manera de justificar lo que hizo Susan Smith, sin embargo, un examen de su vida muestra que es en cierta medida comprensible. No es sorprendente que las cosas sucedieran como sucedieron. Y quizás igual de interesante es la forma en que los capítulos de esta historia continúan escribiéndose.

Susan Lee Vaughn

Susan Smith nació como Susan Lee Vaughn, hija de Harry y Linda Vaughn, el 26 de septiembre de 1971, cerca de Greenville, Carolina del Sur. Aunque Susan nació en una familia de clase media, la situación no era ideal para un niño. Como ocurre con muchas parejas jóvenes, los padres de Susan discutían por dinero; Linda creía que Harry no ganaba lo suficiente.

Se sabe poco sobre Harry, aunque hay evidencia de que sufría problemas de salud mental. A menudo se mostraba distante y pasaba por períodos de fuerte consumo de alcohol. Las quejas constantes de Linda, sin duda, influyeron en su estado mental, y también hay pruebas de que ella le fue infiel.

A finales de 1977, Harry ya no pudo más; solicitó el divorcio y abandonó el hogar familiar. Susan tenía 6 años cuando su padre se fue, lo cual es lo suficientemente difícil de afrontar para un niño de esa edad, pero lo que sucedió a continuación fue devastador. Una vez que el divorcio fue definitivo, Harry se quitó la vida.

La noticia confundió y devastó a Susan. Los niños de esa edad apenas comienzan a ser conscientes de sí mismos y a darse cuenta de que la vida algún día terminará, por lo que es psicológicamente desgarrador ver esto de primera mano en un padre.

Sin embargo, Linda no tuvo problema en seguir adelante con su vida rápidamente. Se volvió a casar con un hombre llamado Beverly Russell solo unas semanas después de divorciarse de Harry, lo que levantó más de una ceja en la conservadora Carolina del Sur y pareció confirmar los rumores de que ella había sido infiel. Con la muerte de su padre, Susan tuvo una nueva figura paterna en su vida que era bastante diferente a Harry.

Beverly era un cristiano fundamentalista ultra-conservador que obligaba a su nueva familia a asistir a servicios religiosos regularmente y hacía de la Biblia la piedra angular del hogar Russell. Se aseguraba de que las mujeres de la casa se vistieran de manera conservadora y era bastante dominante en cuanto a quiénes podían ser amigos de Susan. Afirmaba que todo lo que hacía era por su propio bien y para salvarlas de la condenación eterna, pero cuando Susan llegó a la adolescencia, la hipocresía de Beverly se hizo evidente.

Beverly utilizó su forma dominante para seducir y abusar sexualmente de Susan cuando ella se convirtió en adolescente. Esta afirmación no solo fue hecha por Susan, sino también por otros que conocían a la familia Russell. Susan informó sobre el abuso sexual a su madre, quien no le creyó. Por alguna razón, Linda decidió que o bien Susan estaba mintiendo o que las acusaciones no eran lo suficientemente graves como para arruinar su matrimonio y la cómoda vida que Beverly le proporcionaba.

Susan también denunció el abuso a los servicios sociales del condado, quienes investigaron el caso. Beverly se mudó fuera del hogar durante unos meses, pero cuando se dio cuenta de que el condado no estaba haciendo un seguimiento, volvió y el abuso sexual comenzó nuevamente.

Susan nunca presentó otro informe de abuso sexual ante el condado. Algunas personas que conocían a Susan señalan este período de su vida como un momento definitorio. Fue explotada por su padrastro, su madre no la protegió y las autoridades gubernamentales locales también fallaron en ayudarla. Susan aprendió que no podía contar con nadie en la vida, excepto consigo misma. También aprendió que el sexo puede ser utilizado como una herramienta—una arma—para obtener lo que se quiere. Finalmente, Susan aprendió a no ser sentimental y a avanzar rápidamente.

Una Buena Fachada

A pesar del caos que se desarrollaba en la vida familiar de Susan durante sus años de adolescencia, su vida escolar era todo lo contrario. Aprendió rápidamente a mantener sus problemas en secreto y rara vez compartía con amigos o profesores lo que sucedía en casa. En la escuela, Susan era popular y activa en actividades extracurriculares. Fue elegida presidenta del Junior Civitan Club en su penúltimo año, una organización estudiantil que hacía trabajo voluntario en la comunidad. Ideó muchas de las actividades del grupo y siempre era una de las primeras en ofrecerse como voluntaria. Susan también fue votada como la "chica más amigable" en su último año.

Sin embargo, todo esto era solo una fachada para ocultar sus verdaderos sentimientos o la falta de ellos. Aunque Susan era popular y se llevaba bien con todos sus compañeros y profesores, pocas personas realmente la conocían en la escuela secundaria. Generalmente no dejaba que muchas personas se acercaran a ella y cuando lo hacía, era a un nivel superficial, a menudo sexual.

Gracias a su padrastro, Susan Vaughn se volvió sexualmente activa antes que la mayoría de sus compañeros en la conservadora Carolina del Sur de los años 80. Durante el verano de 1988, cuando estaba entre su penúltimo y último año de secundaria, Susan consiguió un trabajo como contadora en un supermercado Winn-Dixie local. Era buena con los números y mostró mucho potencial en el trabajo. También se llevaba bien con sus compañeros empleados, especialmente con los hombres.

Susan ya había estado activa sexualmente durante algunos años con su padrastro cuando aceptó el empleo en Winn-Dixie, pero un hombre casado mayor que trabajaba allí llamó su atención. Ambos comenzaron un romance ilícito y, aunque le gustaba el hombre, él solo veía la relación como un capricho. Posiblemente para hacer que el hombre mayor sintiera celos, Susan también comenzó a tener relaciones sexuales con un estudiante de secundaria que trabajaba en la tienda.

La maniobra, por supuesto, no hizo que el hombre dejara a su esposa, pero marcó el inicio de un patrón que Susan seguiría a lo largo de su vida, lo que eventualmente la llevaría al asesinato. Usó el sexo como una herramienta para conseguir lo que quería y lo que generalmente deseaba era un hombre casado.

Toda la actividad sexual en la que estaba involucrada Susan finalmente la alcanzó durante su último año de secundaria. Cuando se enteró de que estaba embarazada, se enfrentó a una de las decisiones más difíciles de su vida. Susan sabía que, si decidía tener al bebé, probablemente tendría que abandonar el instituto y eso también afectaría seriamente su estilo de vida; lo más probable es que tuviera que mudarse de casa de su madre y su padrastro. También pensó que sería difícil atraer a un hombre atractivo.

Luego estaba el problema de quién era el padre. Estaba teniendo relaciones sexuales con dos hombres en el trabajo, además de con Beverly, cuando quedó embarazada, por lo que podría haber sido cualquiera de ellos. Ninguno de ellos era un compañero adecuado: su padrastro, un chico de instituto y un hombre casado.

Frente a todos estos problemas, Susan decidió abortar. Al igual que con la mayoría de sus otros problemas en la vida, logró mantener su aborto en secreto de la mayoría de las personas, lo que solo sirvió para devorarla por dentro. Se mostraba alegre en la escuela y en el trabajo, pero estaba hecha un lío.

Un día, Susan decidió tomar una botella de Tylenol para acabar con su dolor. Se desconoce si la sobredosis de Susan fue un intento legítimo de suicidio o un grito de ayuda. La mayoría de las personas que intentan quitarse la vida generalmente no utilizan analgésicos de venta libre, pero puede que fuera todo lo que Susan tenía a su disposición. Mientras estaba en el hospital recuperándose de la sobredosis, le dijo a los médicos que había intentado suicidarse de manera similar cuando tenía 13 años, pero que había mantenido ese secreto. Así que Susan se recuperó y volvió a su rutina, aparentemente sin sufrir daños, o al menos eso pensaban quienes conocían sobre la sobredosis. Se graduó del instituto y comenzó a trabajar a tiempo completo en Winn-Dixie, buscando una salida de su vida.

Los Idus de Marzo

David Smith fue uno de los hombres solteros que Susan conoció en el trabajo. Era amable, de apariencia normal, un trabajador arduo y, lo más importante, no estaba casado. David y Susan eran casi de la misma edad y tenían un trasfondo similar en el cristianismo fundamentalista, pero eran bastante diferentes en otros aspectos.

David Smith era, en su mayoría, un "chico bueno". No solía salir mucho en el instituto y no tenía relaciones sexuales con múltiples parejas durante el mismo período que Susan. Había oído rumores sobre el pasado de Susan, pero no parecía importarle porque eso ya pertenecía al pasado.

David quería formar una familia, así que le propuso matrimonio a Susan y, tras su aceptación, fijaron la fecha para el 15 de marzo de 1991—los "Idus de marzo". Si no estás familiarizado con la importancia de los "Idus de marzo", no te sientas mal. A menos que tengas un trasfondo en Clásicos o seas un gran fan de "Julio César" de Shakespeare, no tendrías razón para saberlo. Los Idus de marzo son simplemente el 15 de marzo, pero para el dictador romano Julio César, fue el día en que fue asesinado en el Senado en el 44 a.C. En la versión de Shakespeare de la historia verdadera, César fue advertido de "tener cuidado con los Idus de marzo". Por supuesto, no prestó atención a la advertencia y pagó por ello con su vida.

A lo largo de los siglos desde Julio César, los Idus de marzo se han convertido en una especie de frase hecha entre los más eruditos para referirse a una ocasión desastrosa o potencialmente desastrosa. Pero David y Susan Smith no estaban versados en Clásicos o Shakespeare; la Biblia era su libro y, según ella, debían formar una familia. Así que la pareja dio la bienvenida a Michael Daniel en su familia el 10 de octubre de 1991 y a Alexander

Tyler el 5 de agosto de 1993. David quería tener más hijos, pero los problemas en el hogar impidieron que eso se convirtiera en una realidad.

Los Smith no eran diferentes a muchas parejas jóvenes que enfrentan problemas financieros. A Susan le gustaba gastar más dinero del que ambos ganaban, lo que por sí solo causaba problemas entre ellos, pero su solución creó aún más fisuras en una relación que ya se estaba resquebrajando. Susan acudía a menudo a su madre en busca de dinero, lo que a David no le gustaba por varias razones. Primero, estaba el tema del orgullo. Sabía que ganaba suficiente dinero para mantener a su familia y que solo era cuestión de que Susan controlara sus gastos.

Y luego estaba el asunto de Linda. Además de las finanzas, las suegras entrometidas a menudo se citan como un gran problema en los matrimonios. Linda Russell era una mujer dominante e indiscreta que quería controlar cada aspecto de la vida de Susan. Dado que a Susan le gustaba gastar dinero y tener cosas bonitas, Linda utilizaba eso como palanca para influir en su hija e insertarse cada vez más en la vida de la pareja.

No es necesario decir que los problemas financieros y las intromisiones de la suegra comenzaron a tener un efecto perjudicial en el joven matrimonio. David hizo lo que pudo para hacer un buen uso del dinero de Linda, utilizando parte de él como pago inicial para una casa en noviembre de 1992 después de que Susan quedó embarazada de Alexander. Pero la casa y el segundo hijo eran solo soluciones temporales ante el creciente cáncer que afectaba al matrimonio de los Smith. Tanto Susan como David tuvieron aventuras extramatrimoniales, separándose eventualmente durante unos meses a principios de 1993. Se reunieron para el nacimiento de Alexander, pero ninguno de los dos estaba realmente comprometido con el matrimonio en ese momento; simplemente estaban cumpliendo con las formalidades.

"Tienes que actuar como una chica buena"

A pesar de su gran cantidad de problemas personales, Susan Smith siempre fue una profesional consumada en todos sus trabajos. Regularmente era promovida y recibía aumentos basados en su ética de trabajo y rendimiento. En 1993, ocupó el puesto de secretaria ejecutiva en Conso Products en Greenville. Este puesto significaba más responsabilidades y un mejor salario, pero lo más importante, la presentó a su próximo amante: Tom Findlay.

Tom Findlay no era un hombre cualquiera; era el hijo de J. Carey Findlay, el CEO de Conso Products. Findlay era un hombre importante y rico, lo que lo convertía en un objetivo para Susan, y el hecho de que estuviera casado no le importaba en absoluto. A él tampoco le importaba demasiado.

Susan y Tom tuvieron una relación intermitente durante la mayor parte de 1994. La siempre duplicitosa Susan intentaba reconciliarse con David durante ese proceso, mientras Tom estaba casado y ocultaba la aventura a su esposa. Tom Findlay no tenía intención de dejar a su esposa y, a su crédito, se lo decía a Susan en numerosas ocasiones.

Sin embargo, por alguna razón, ya sea amor verdadero u obsesión, Susan seguía persiguiendo a Findlay. Susan incluso completó los papeles de divorcio y justo cuando estaba a punto de presentarlos oficialmente, envió una carta a Findlay el 17 de octubre de 1994. Afirmaba que su matrimonio había terminado y que ahora podrían huir juntos.

Por su parte, Findlay no estaba interesado en continuar la aventura. Decidió reconciliarse con su esposa y dejar de ver a Susan. Se lo comunicó en una carta detallada. En una parte de la carta, le dio un golpe bajo relacionado con la promiscuidad de Susan: "Si quieres atraer a un chico bueno como yo algún día, tienes que actuar como una chica buena. Y sabes, las chicas buenas no duermen con hombres casados", escribió Findlay.

La carta fue un duro golpe para los planes de Susan, pero tenía una última carta que jugar. Susan había aprendido desde joven cómo usar el sexo y su sexualidad a su favor, así que intentó ganar simpatía contándole a Tom sobre la relación que había tenido con su padrastro. Cuando eso no funcionó, Susan le dijo a Tom que había tenido relaciones sexuales con su padre.

No se sabe si esto era cierto. J. Carey negaría más tarde la acusación, pero Susan ciertamente sabía cómo seducir a los hombres y no hubiera sido extraño que lo hiciera en esta situación. Sin embargo, este último intento no funcionó.

Aun así, Susan se negó a aceptar que la aventura había terminado. Siguió pensando en lo que podría hacer para recuperar a Tom y si había algo que había hecho mal. Entonces se le ocurrió una idea. Recordó que a Tom no parecía importarle mucho los niños. Había dicho que una de las razones por las que no quería dejar a su esposa por ella era porque no quería hacerse cargo de los hijos de los Smith.

La realidad es que Tom probablemente solo dijo eso para hacer que Susan se alejara, pero en su mente distorsionada, transformó eso en una razón para matar. Ahora, para Susan Smith, la única forma en que tendría a Tom Findlay sería si mataba a sus hijos.

El plan de Susan estaba muy bien pensado y la policía rápidamente vio a través de él. En la mañana del 25 de octubre de 1994, Susan intentó hablar con Tom una última vez, pero cuando él no devolvió su llamada, decidió seguir con el "Plan B". Esa tarde, Susan llevó a sus dos hijos, los abrochó en sus asientos y condujo hacia el lago John D. Long. El lago es un popular embalse recreativo en el condado de Union, pero cuando Susan llegó allí, ya era tarde y no había nadie alrededor.

Era justo como ella quería. Mientras sus dos hijos estaban durmiendo, Susan Smith salió de su coche y lo dejó rodar hacia el lago. La primera parte del Plan B se había cumplido, así que ahora tenía que pasar a la siguiente etapa. Susan corrió hacia una casa cercana y afirmó histéricamente que acababa de ser víctima de un robo de coche en un semáforo en la ciudad y que había sido dejada cerca del lago. Explicó que sus dos hijos pequeños aún estaban en el coche, presumiblemente con el ladrón, y que era necesario llamar a la policía.

Susan podría haber ganado un Oscar por su actuación o al menos un Emmy, ya que fue muy convincente para los oficiales que respondieron. Sin embargo, dado que había niños involucrados, tenían que tomar todo muy en serio, por lo que se realizó inmediatamente una búsqueda en la zona. No se encontró nada.

"Tienes que actuar como una chica buena"

Para Susan, su astuto pequeño plan comenzó a dar frutos de inmediato. El crimen le trajo simpatía de sus amigos, familiares y desconocidos de la comunidad, y una vez que los medios nacionales comenzaron a reportar sobre el caso, personas de todo el mundo empezaron a mostrar su apoyo a la madre y sus dos hijos desaparecidos.

Aunque el acto puede no haber hecho que Tom volviera corriendo a sus brazos, Susan recibió el premio de consolación de David. Sí, David volvió con Susan para ayudar a consolar a su esposa y madre de sus hijos, así como para colaborar con la investigación. David también estaba pasando por mucho dolor y pensaba que, a pesar de sus diferencias y problemas con Susan, ella sería un buen apoyo.

La pareja dio entrevistas a la prensa donde ambos estaban visiblemente afectados, aunque, en retrospectiva, ahora sabemos que Susan estaba actuando. "Siento que todo mi mundo ha sido arrebatado", dijo Susan en una entrevista mientras lloraba. "Mis hijos son mi vida y solo tienen que estar bien." Para la mayoría de las personas, la historia de

Susan parecía creíble. El crimen violento es un problema en muchas partes de los Estados Unidos, incluyendo el condado de Union, Carolina del Sur, y ¿qué razón tendría para inventar una historia así? Y si asumías que había inventado la historia, eso significaba que estaba involucrada de alguna manera en la desaparición de sus hijos. Era simplemente demasiado difícil de creer para la mayoría.

Pero no era demasiado difícil para el Departamento del Sheriff del Condado de Union. Durante la primera entrevista de Susan con la policía, les dijo que un hombre negro genérico que llevaba un gorro le robó el coche mientras esperaba en un semáforo. Cuando le preguntaron si había otros coches en el semáforo que pudieran haber visto el crimen, Susan fue enfática al decir que no.

Además de haber asesinado a sus hijos, ese fue el primer error de Susan Smith. El Sheriff Howard Mills sabía que el semáforo en el que Susan decía haber sido robada solo se ponía en rojo si había otro vehículo presente, lo que significaba que probablemente estaba mintiendo.

La inconsistencia en la historia de Smith ciertamente no era favorable, pero no era suficiente para hacer un arresto o incluso para obtener una orden de registro. Sin embargo, le dijo a Mills que estaba en el camino correcto al pensar que no se trataba de algún ladrón al azar quien había cometido el crimen. Con eso en mente, Mills solicitó a Smith que acudiera al departamento del sheriff para otra entrevista el 30 de noviembre y aclarar algunas cosas.

Cuando Smith se sentó en la sala de interrogatorios, ya no había "buen policía, mal policía". Era Mills enfrentando directamente a Smith, diciéndole que sabía que había matado a los niños y que ella sabía dónde estaban. Susan comenzó a sollozar y le pidió a Mills que orara con ella.

Después de que ambos dijeron una oración, Smith le contó a Mills toda la historia. Afirmó que originalmente pretendía morir junto con sus hijos, pero que se había saltado ese paso en el último minuto. Le dijo a Mills exactamente dónde metió el coche en el lago, un área que el departamento del sheriff ya había buscado semanas antes. Los cuerpos de los niños Smith fueron encontrados en el coche junto con la carta que Tom había enviado a Susan.

Enfrentando la Aguja

Cuando se supo que Susan Smith había confesado haber asesinado a sus hijos, la nación quedó conmocionada. "¿Cómo podría una madre hacer eso a sus hijos?", se preguntaban las personas. Simplemente no era concebible para la mayoría, especialmente cuando comenzaron a publicarse algunos detalles sobre por qué lo hizo.

A medida que pasaban las semanas, la conmoción fue reemplazada rápidamente por la ira. La mayoría de las personas en Union County, Carolina del Sur estaban enojadas porque Smith había aprovechado su buena voluntad y otros estaban molestos porque sus acusaciones causaron tensión racial en un área con un historial de problemas raciales. El activista Jesse Jackson hizo numerosas apariciones en televisión, hablando sobre cómo el meme del ladrón negro de Susan Smith había dañado su comunidad.

Pero todo eso era ruido de fondo para Susan Smith. Ella enfrentaba la pena de muerte por sus crímenes en un estado donde las personas son ejecutadas regularmente mediante inyección letal. A Smith no se le ofrecieron acuerdos de culpabilidad y tenía poca defensa. Dado que la fiscalía no ofreció un acuerdo y persiguió la pena de muerte, eso significaba que Smith tendría que idear algún tipo de defensa. Los abogados tenían mucho trabajo por delante.

Los abogados de Smith sabían que, con la montaña de pruebas físicas en su contra y, lo más importante, su confesión, lo mejor que podían hacer era mantenerla fuera del corredor de la muerte. Para lograrlo, se centraron en el abuso que Susan había sufrido durante su infancia. Varios testigos creíbles fueron llamados a testificar sobre el hecho de que Susan fue abusada por su padrastro, lo cual parecía suscitar cierto grado de simpatía o compasión entre los asistentes al tribunal. También ayudó que Smith pareciera catatónica durante el juicio y comenzara a llorar cada vez que se mencionaba a sus hijos.

Enfrentando la Aguja

Por otro lado, la acusación describió a Smith como una asesina egoísta, manipuladora y fría, que veía a sus hijos como un obstáculo para su felicidad. En cuanto a los juicios por asesinato en primer grado de alto perfil, el juicio de Susan Smith avanzó muy rápidamente. El veredicto se anunció en julio de 1995: culpable en ambos cargos de asesinato en primer grado. Por supuesto, el veredicto no fue una sorpresa para nadie familiarizado con el caso, así que la pregunta se convirtió en: ¿cuál sería su sentencia, vida o muerte?

La estrategia de la defensa dio sus frutos porque, al final, el jurado le perdonó la vida a Smith. Fue condenada a cadena perpetua, lo que en Carolina del Sur significa que debe cumplir un mínimo de 30 años en prisión. Smith será elegible para libertad condicional en 2024.

La mayoría de las personas pensaron que esa sería la última vez que oirían de Susan Smith y que, si el karma tenía algo que ver con ello, estaría viviendo una vida miserable tras las rejas. Pero el karma es algo complicado.

Algunas Cosas No Cambian

Susan fue enviada a cumplir su condena en la Institución Correccional Camille Griffin Graham en Columbia, Carolina del Sur. Esta prisión es la principal y más segura para mujeres en el estado; dado el tiempo que debía cumplir y la naturaleza de alto perfil de su caso, no había forma de que Susan fuera a pasar su condena en un campamento de seguridad menor. Susan pasó sus primeros años en relativa aislamiento del resto de la población reclusa, quienes deseaban su muerte.

David se divorció de ella y solo sus familiares más cercanos mantuvieron contacto. Con el tiempo, Susan se adaptó a la vida en prisión y eventualmente volvió a algunos de sus viejos hábitos y estilos de vida. Una revisión del historial de Smith tras las rejas revela que llevó muchos de sus problemas y proclividades con ella a Graham. Fue sancionada en más de una ocasión por autolesionarse y fue sorprendida en posesión de drogas ilícitas, pero quizás los detalles más interesantes de su encarcelamiento involucran su actividad sexual.

Se desconoce en este momento si Smith ha estado involucrada sexualmente con alguna de sus compañeras reclusas, pero sí tuvo relaciones sexuales con al menos dos guardias diferentes. Una vez que se conocieron las aventuras, los guardias fueron arrestados y acusados de delitos graves. Susan fue transferida a otra prisión, en lo que solo se puede describir como una situación no tan inesperada. También se reveló que Susan contrajo una enfermedad venérea en Camille Griffin Graham.

Susan ha tenido poco contacto con los medios, pero escribió una carta en 2015 a Harrison Cahill, un reportero del periódico local del condado de Union, The State. En la carta, Susan afirmaba con vehemencia que no era una mala persona, escribiendo: "No soy el monstruo que la sociedad piensa que soy. Estoy lejos de eso." La mayoría de la gente no estaría de acuerdo con ello.

Capítulo 13 - Diane Staudte

Los padres nunca admitirán que a veces muestran favoritismo hacia algunos de sus hijos. Casi todas las personas que tienen hermanos han pensado en esto en algún momento de su vida, ya sea que sea cierto o no, y algunos han sido testigos del sesgo evidente en acción. La mayoría de las veces, el favoritismo es bastante menor y apenas reconocible. Uno de los hijos puede ser un estudiante destacado y recibir alabanzas con frecuencia, mientras que los demás pueden encontrar un poco más difícil complacer a sus padres.

En algunas familias, el favoritismo es más evidente. Algunos padres llegan a decirles a sus hijos a quiénes prefieren. Hacer algo así es cruel y tiende a generar baja autoestima en los hijos que no son favorecidos, así como competencia innecesaria entre ellos.

Pero Diane Staudte llevó el favoritismo hacia algunos de sus hijos a un nivel de maldad que rara vez se ve incluso en las familias más disfuncionales. Durante más de un año, Diane asesinó a su marido, a su hijo y casi mata a una de sus hijas en un retorcido plan para reclamar una cantidad relativamente pequeña de seguro de vida. Staudte envenenó lentamente las bebidas Gatorade y otros refrescos dulces de sus familiares, provocándoles muertes lentas y dolorosas que la mayoría de las personas nunca querrían que sus peores enemigos sufriesen.

Tan retorcido como fue que Diane Staudte intentara acabar con su familia, eso por sí solo no haría que este caso fuera único entre todos los casos de asesinatos maternos. No, lo que hace que el caso de Diane Staudte sea singular es que mostró un favoritismo extremo entre sus hijos al no solo salvar a una de sus hijas de su diabólico plan, sino también al enlistar su ayuda. Y la hija aceptó participar en el plan de su madre. No hace falta decir que no habrá muchas reuniones familiares en la familia Staudte.

La familia Staudte

Para cualquiera que conociera a la familia Staudte desde finales de los años 90 hasta principios de los 2010, parecían ser la familia estadounidense más promedio y normal que se podría encontrar. Vivían en una de las ciudades más representativas de Estados Unidos, Springfield, Missouri, en un vecindario de clase trabajadora de ingresos medios. El marido, Mark Staudte, fue descrito por todos los que lo conocieron como un hombre trabajador pero divertido. Cuando no estaba trabajando para llevar comida a la mesa de su familia, tocaba en una banda de blues que ofrecía conciertos en bares locales.

La esposa Diane era conocida como una mujer cariñosa y un pilar en la comunidad. También tenía inclinaciones musicales, tocando el órgano en su iglesia luterana durante más de 30 años. La pareja tenía tres hijos: Rachel era la mayor, Shaun era el hijo del medio y Sarah era la más joven. Según todos los informes, la familia parecía realmente cuidarse mutuamente y llevarse bien, pero había favoritismos. No se decía que Mark tuviera preferidos entre sus hijos, aunque Diane dejaba claro cuál era su preferido: Rachel.

"Estaban muy unidas", dijo Rob Mancuso, el mejor amigo de Mark y compañero de banda, sobre Diane y Rachel. La madre y la hija pasaban mucho tiempo juntas, a menudo excluyendo a los demás miembros de la familia. Pasaban horas de compras, viendo televisión e incluso haciendo viajes. Mark y los otros hijos Staudte no parecían importarles esa cercanía; Shaun tenía sus propios problemas y Sarah estaba ocupada con la universidad cuando las dos se volvieron peligrosamente cercanas. Sin embargo, era una relación que debería haber encendido alarmas para todos los que las conocían. Iba más allá del simple favoritismo y se adentraba en la manipulación maligna.

El asesinato nunca supo tan dulce

A pesar de su apariencia de mujer orientada a la familia y asistente a la iglesia, Diane Staudte era una mujer egoísta y codiciosa. Siempre estaba buscando formas de mejorar su situación económica y social, incluso si eso significaba cortar esquinas morales, éticas y legales. En su mayoría, las actividades de Diane en ese sentido fueron relativamente moderadas hasta finales de 2011.

A finales de 2011, Diane comenzó a pensar en una forma de deshacerse de su marido, de quien se estaba cansando pero no quería divorciarse. Razonó que un divorcio podría ser largo y al final no obtendría mucho. Sin embargo, si mataba a Mark, podría recibir un pago del seguro de vida. Mark solo tenía una póliza de $20,000, pero Diane pensó que era suficiente para darle a ella y a Rachel un nuevo comienzo. Diane no planeaba compartir ninguna de sus ganancias mal habidas con sus otros hijos porque ellos también estarían muertos.

Diane presentó el plan a Rachel en el otoño de 2011 y ella estuvo de acuerdo en que parecía una buena idea. Diane estaba generalmente cansada de Mark y razonó que, debido a sus problemas de salud, probablemente no habría mucha investigación. Por malvado que pudiera ser el plan para matar a Mark, las razones para matar a Shaun y Sarah eran aún más difíciles de comprender.

Shaun sufría de autismo, lo que lo dejaba con discapacidad del desarrollo e incapaz de funcionar adecuadamente en la sociedad. Aunque tenía 25 años en 2011, aún vivía en casa y no trabajaba. Mark se preocupaba genuinamente por Shaun y no tenía problema con que viviera en casa, pero Diane resentía los recursos y la atención que él requería. Ella lo veía como una molestia que había que eliminar.

Diane también veía a su hija más joven, Sarah, como una molestia, pero por razones ligeramente diferentes. Sarah había graduado recientemente de la universidad y se había mudado de nuevo a casa mientras buscaba un trabajo a tiempo completo y pagaba algunas de sus deudas estudiantiles. Sarah no era muy diferente de muchos jóvenes estadounidenses en ese aspecto, pero Diane sentía que era una carga. Así que Diane decidió que mataría a Mark, Shaun y Sarah. Y Rachel estaba dispuesta a participar en todo el plan.

Al igual que muchas mujeres asesinas a lo largo de la historia, en particular las viudas negras, el dúo decidió que iban a envenenar a su familia. Sabían que el anticongelante era un veneno mortal que se podía administrar lentamente durante meses, pero debido a su uso en asesinatos, la mayoría de los fabricantes habían cambiado los ingredientes para que tuviera un sabor amargo y no dulce. Después de hacer un poco de investigación, las dos descubrieron que podían comprar un anticongelante con sabor dulce por Internet.

Diane y Rachel creían que su plan era infalible: añadirían una o dos cucharaditas a las bebidas dulces de sus víctimas, como refrescos y Gatorade, y luego las observarían deteriorarse. Sería un método efectivo, aunque lento y agonizante, para acabar con sus víctimas.

Mark fue la primera víctima que sucumbió a la muerte dulce de Diane y Rachel. No mostró signos de envenenamiento durante meses hasta que de repente presentó síntomas similares a los de la gripe justo antes de la Pascua de 2012. Como Mark pensaba que tenía gripe, hizo lo que haría la mayoría de la gente: se quedó en casa, descansó y bebió muchos líquidos. El problema era que esos líquidos estaban contaminados con anticongelante.

Mark murió el Día de Pascua de 2012 a la edad de 61 años. El médico que examinó su cuerpo notó un anillo descolorido alrededor de su boca, pero no pensó mucho en ello. El médico tampoco le dio demasiada importancia a la edad o a las circunstancias de la muerte de Mark. Muchas personas fallecen en sus sesenta y Mark no estaba en muy buena salud: tenía sobrepeso, bebía demasiado y padecía varios problemas de salud. La muerte fue considerada natural.

Diane luego pasó a la fase dos de su plan al hacer que Mark fuera cremado. Una vez que el cuerpo desapareció, prácticamente no había forma de que la atraparan; lo único que tenía que hacer era reclamar la póliza de seguro de vida. La compañía de seguros no presentó problemas para Diane y, en un par de meses, pudo reclamar el dinero, lo que le permitió mudarse a una casa más bonita en un mejor vecindario. Sin embargo, ¡tenía que resolver primero otros dos problemas!

El astuto dúo madre-hija centró su atención en Shaun, agregando pequeñas cantidades de anticongelante a sus bebidas deportivas y refrescos diariamente. Alrededor de cinco meses después de la muerte de Mark, su envenenamiento finalmente dio resultados cuando Shaun murió con síntomas similares a los de la gripe. Uno pensaría que, dado que Shaun solo tenía 26 años y su padre había muerto de manera similar solo meses antes, alguien habría investigado su muerte; pero no hubo ninguna investigación. El médico incluso notó un anillo similar alrededor de la boca de Shaun, pero como él padecía varios problemas de salud, incluidos antecedentes de convulsiones, su muerte también fue considerada natural.

Diane y Rachel regresaron a su nuevo hogar en los suburbios y comenzaron a planear su último asesinato. Sarah era su próxima víctima, pero como era más joven y estaba en mejor salud, resultó ser difícil de matar. El dúo comenzó a envenenarla a finales de 2012 y, para el verano de 2013, el plan casi había funcionado. En junio de 2013, Sarah se ingresó en una sala de emergencias de un hospital local con síntomas similares a los de la gripe.

Los médicos consideraron sospechoso que una joven aparentemente saludable de 24 años estuviera tan enferma, por lo que la mantuvieron en el hospital para tratamiento.

Aunque Sarah sobrevivió a la experiencia, quedó con problemas neurológicos permanentes. Los médicos estaban perplejos para diagnosticar su enfermedad, pero luego una persona poco probable se presentó con información interesante. El ministro de la familia Staudte informó a los médicos sobre las muertes de Mark y Shaun, lo que llevó a pensar que Sarah había sido envenenada. Se realizaron pruebas en Sarah que mostraron signos de envenenamiento, por lo que se llamó a la policía de Springfield. La policía sabía que los casos de envenenamiento casi siempre ocurren dentro del hogar.

Arrestos y juicios

Una vez que se determinó que Sarah había sido envenenada y que su padre y hermano habían muerto bajo circunstancias que más tarde se consideraron sospechosas, las cosas se movieron rápidamente. El detective Neil McAmis lideró la investigación, sabiendo que la respuesta estaba en Diane.

Diane aceptó acudir a la comisaría sin la presencia de un abogado y, al principio, negó tener algo que ver con el envenenamiento. Pero el detective McAmis insistió, llamándola mentirosa y señalando que casi todos los envenenamientos ocurren en el hogar. Finalmente, Diane admitió los crímenes, pero se negó a asumir la responsabilidad total.

Diane optó por la ruta que muchos eligen cuando las pruebas de su culpabilidad son claras: culpó a las víctimas de sus crímenes. Dijo que Mark era abusivo y que temía por su vida, pero cuando McAmis le preguntó qué tenía que ver eso con Shaun y Sarah, no tuvo defensa. Sin embargo, sí explicó su caso con Shaun. "Shaun interferiría con lo que fuera que hiciera", le dijo Diane a McAmis. "Era más que una molestia... más que una plaga."

Por malo que suene, Staudte luego añadió una declaración igualmente extraña. "No soy una asesina perpetua. Solo soy estúpida." Aunque probablemente no muchas personas discutirían con Diane Staudte sobre su falta de inteligencia, su declaración de "asesina perpetua" es interesante, por decir lo menos. Más que probablemente quiso decir "asesina en serie". Si ese es el caso, entonces técnicamente no era una asesina en serie porque solo mató a dos personas. Aunque, si hubiera tenido lo que quería, habría habido tres víctimas.

Eventualmente, podría haber habido cuatro. No hay razón para pensar que Rachel no hubiera sido su próxima víctima en algún momento. Diane Staudte era una persona muy violenta y codiciosa que no dudaba en matar a los miembros de su familia por un poco de comodidad material. Rachel pudo haber tenido la suerte de ser la favorita de su madre durante un tiempo, pero Diane no tuvo problemas en traicionar a su hija favorita cuando fue arrestada.

No pasó mucho tiempo antes de que Rachel confesara todo el plan. Comenzó a cantar al detective McAmis tan pronto como entró en la sala de interrogatorios y reveló muchos más detalles del plan. Cuando la policía llevó a cabo una orden de registro en la casa de los Staudte, encontraron aún más pruebas incriminatorias. Se descubrió parte del anticongelante especial con sabor dulce, pero lo que fue aún peor para el dúo madre-hija fue el diario de Rachel, que admitía y detallaba el plan de asesinato.

Una entrada decía: "Es triste cuando me doy cuenta de cómo mi padre pasará en los próximos dos meses... Shaun, mi hermano, se irá poco después... Será difícil acostumbrarse a los cambios, pero todo saldrá bien." La entrada estaba fechada el 13 de junio de 2011, lo que demostraba premeditación y el hecho de que era un plan a largo plazo.

Al igual que su madre, Rachel intentó mitigar su culpabilidad hasta cierto punto. Rachel afirmó que trató de disuadir a su madre de envenenar a Shaun y Sarah, sugiriendo que deberían colocar a Shaun en algún tipo de hogar grupal. También advirtió a Sarah que debía irse. Sin embargo, al final, cuando su madre no estuvo de acuerdo, terminó siguiendo el plan.

Finalmente, Rachel le explicó a McAmis por qué cada miembro de la familia Staudte fue asesinado. "En cuanto a papá, fue por un poco de paz." "Shaun, porque era molesto." "Sarah solo era entrometida. Muy entrometida." Rachel nunca corroboró las alegaciones de abuso de su madre. Diane simplemente estaba cansada de su marido y de dos de sus tres hijos.

Ambas mujeres fueron acusadas de dos cargos de asesinato en primer grado y se enfrentaban a la posibilidad de pasar el resto de sus vidas en prisión o a la pena de muerte. En Missouri, la pena de muerte se aplica con regularidad y se lleva a cabo más a menudo que en la mayoría de los estados. A las mujeres se les negó la fianza y fueron detenidas en la cárcel del condado de Greene en Springfield mientras esperaban el juicio.

Mientras Rachel aguardaba su juicio en la cárcel, tuvo mucho tiempo para contemplar su situación. Había seguido las órdenes de su madre sin cuestionarlas y ahora se encontraba frente a una posible sentencia de muerte. Los fiscales creían que Diane había manipulado y llevado a Rachel a cometer estos horribles crímenes, pero la realidad era que había más pruebas en su contra que en contra de su madre. Así que la fiscalía decidió ofrecerle un acuerdo a Rachel. Le permitirían declararse culpable de un cargo de asesinato en segundo grado a cambio de testificar contra su madre en su juicio. Rachel aceptó y se declaró culpable en mayo de 2015, pero la sentencia se retuvo hasta que concluyó el juicio de Diane.

Diane no tenía salida en su situación. Había ido demasiado lejos al intentar envenenar a Sarah, y desde ese momento, el castillo de naipes que era su vida se vino abajo rápidamente. Los abogados de Diane pasaron por los trámites para preparar su defensa, pero no tenían argumentos sólidos a su favor. Incluso si pudieran pintar a Mark como un marido abusivo, eso no podría explicar por qué Shaun fue asesinado o por qué Sarah estuvo a punto de morir.

Así que, para evitar un juicio costoso y prolongado, la fiscalía permitió que Diane se declarara culpable de un cargo de asesinato en primer grado a cambio de dejar caer la pena de muerte. Diane Staudte se declaró culpable de asesinato en primer grado en enero de 2016 y fue condenada a cadena perpetua sin posibilidad de libertad condicional.

Rachel fue sentenciada en marzo de 2016. Aunque su testimonio contra Diane no fue finalmente necesario, su acuerdo para testificar fue tenido en cuenta. Se le impuso una larga condena de prisión, durante la cual deberá cumplir al menos 42 años antes de que se considere su libertad condicional. Dado que Rachel tenía 25 años cuando fue sentenciada, será una mujer mayor si alguna vez es liberada. No hace falta decir que Sarah no tiene planes de ver a su madre o hermana en el día de visitas.

Capítulo 14 - Isabel Martínez

Para la mayoría de las personas, la frase "el Diablo me hizo hacerlo" es más metafórica que otra cosa. Aunque muchos creen en el bien y el mal, y muchos otros creen en la presencia de Satanás, pocos piensan que el Ser Oscuro puede influir directamente en nuestras vidas cotidianas.

No escuchamos al Diablo hablándonos, y si lo hacemos, probablemente la mayoría pensaría que es hora de consultar a un centro de salud mental. Sin embargo, hay quienes creen sinceramente que somos poco más que marionetas controladas por fuerzas superiores, tanto del bien como del mal. Por supuesto, muchas de las personas que creen esto sufren de delirios y trastornos mentales, como es el caso de Isabel Martínez.

El 6 de julio de 2017, Isabel Martínez era una madre de cinco hijos de 33 años que vivía en los suburbios de Atlanta. Era una inmigrante ilegal viviendo en los márgenes legales de la sociedad, pero lo más importante es que padecía extraños delirios que la colocaban al borde de la cordura. Isabel Martínez creía que el Diablo la guiaba a cometer actos de violencia indescriptibles. Afirmaba que Satanás y sus secuaces le decían repetidamente que asesinara a personas, especialmente a miembros de su familia, lo que sería la única manera en que podría encontrar la paz.

Finalmente, en las primeras horas de la mañana del 6 de julio de 2017, Martínez cedió a los deseos del Señor Oscuro y cometió uno de los peores parricidios en la historia del estado de Georgia. La masacre dejó muertos a cuatro de los hijos de Martínez y a su esposo, lo que llevó a la comunidad a hacerse muchas preguntas. Tras su arresto y su comparecencia ante el tribunal, las actitudes de Martínez en la sala hicieron que muchos pensaran que realmente estaba loca, pero otros son escépticos y creen que simplemente está manipulando el sistema.

La Familia Romero

No se sabe mucho sobre María Isabel Garduno-Martinez, salvo que es una nacional mexicana que ingresó a Estados Unidos de manera ilegal en algún momento de la década de 2000. Según el Servicio de Inmigración y Control de Aduanas (ICE), Martínez había estado viviendo en Georgia durante aproximadamente 12 años antes de la masacre, pero se desconoce si había residido en otro estado estadounidense antes de eso o durante cuánto tiempo.

Tampoco se sabe cuánto tiempo estuvo con su pareja de hecho, Martín Romero, quien tenía 33 años en el momento de los asesinatos. Romero también era un nacional mexicano que se encontraba ilegalmente en Estados Unidos. Lo que se conoce sobre Martínez es que no es una mujer particularmente atractiva. Es baja, tiene sobrepeso y presenta una línea de cabello en retroceso con un aspecto curioso. A pesar de su apariencia física poco atractiva, también parece bastante inofensiva y poco imponente. Isabel Martínez no parece ser capaz de asesinar a una familia entera.

Isabel y su familia vivían en la localidad suburbana de Loganville, en el condado de Gwinnett. Este condado, en general, y Loganville en particular, han cambiado bastante demográficamente en los últimos 20 años. El condado pasó de tener una pequeña población hispana a convertirse en mayoría hispana en muchas de sus localidades y vecindarios. La mayoría de los hispanos en el condado de Gwinnett provienen de México y otros países de Centroamérica, y muchos de ellos están en Estados Unidos de manera ilegal.

Era el lugar perfecto para que Isabel y su esposo se mantuvieran en bajo perfil y se mezclaran con su entorno. Los niños Romero asistían a escuelas locales y comenzaron a aprender inglés, pero hablaban exclusivamente español en casa. Sus vecinos, mayoritariamente hispanos, decían que los Romero eran amables, pero principalmente mantenían la distancia. Los padres trabajaban y cuando estaban en casa pasaban la mayor parte del tiempo dentro. Los niños Romero jugaban con otros niños del vecindario y no representaban un problema para los adultos ni para los niños. Los Romero construyeron una vida relativamente estable en los márgenes de la sociedad estadounidense, pero había señales de que algo no iba bien.

Isabel parecía tomar algunas ideas religiosas muy en serio y comenzó a afirmar que espíritus malignos la rodeaban, intentando hacerla cometer actos malvados. La situación pareció empeorar cuando la familia se fue de vacaciones a Savannah, Georgia. Isabel observaba con calma las aguas del océano Atlántico y, cuando su familia le preguntó por qué estaba tan interesada en el agua, respondió que creía que las olas eran malignas y estaban tratando de llevarse a sus hijos. El viaje fue un presagio de cosas peores por venir.

La Masacre de Loganville

La noche del 5 de julio transcurrió como cualquier otra en la casa de los Romero. Dado que era verano, los niños se quedaron despiertos un poco más tarde, pero para las 10:00 p.m. todos estaban dormidos: Isabela Martínez, de 10 años; Diana Romero, de 9 años; Dacota Romero, de 7 años; Dillan Romero, de 4 años; y Alex Romero, de 2 años. Los padres también se fueron a dormir, pero poco después de la medianoche, Isabel despertó de su sueño.

Sus demonios la llamaban a llevar a cabo el acto maligno. Isabel tomó un cuchillo de la cocina, caminó en silencio hacia donde estaban durmiendo sus hijos y comenzó a apuñalarlos de manera metódica. Los niños comenzaron a gritar y llorar al darse cuenta de lo que estaba sucediendo, pero la mayoría de ellos eran demasiado pequeños y estaban demasiado asustados para defenderse de la frenética ataque de su madre.

Martín se despertó en medio de la masacre y trató de quitarle el cuchillo a su esposa, pero ella le apuñaló en los brazos y, cuando él retrocedió instintivamente, ella le hirió en áreas vitales. Cayó al suelo, desangrándose lentamente. Isabel luego volvió su atención a sus hijos. Uno por uno, apuñaló a sus hijos en el cuello y el cuerpo, asegurándose de que nunca volvieran a respirar en esta Tierra.

Cuando llegó a Diana, le dijo a su hija el motivo del ataque. "Vas a ir al cielo a ver a Jesús," le dijo a Diana antes de atacar. El ataque frenético terminó en cuestión de minutos, pero aún quedaban un par de cosas que Isabel tenía que hacer. La madre, baja pero robusta, arrastró todos los cuerpos, incluido el de su esposo, a la misma habitación para que "todos pudieran estar juntos," como dijo más tarde. Luego, Martínez llamó a la policía alrededor de las 5:00 a.m. para reportar el crimen.

El Diablo Me Hizo Hacerlo

Cuando la policía llegó a la casa de los Romero, quedaron impactados por el nivel de carnicería. Los oficiales que respondieron no pensaron que la mujer baja y corpulenta frente a ellos pudiera causar tal daño, por lo que estaban inclinados a creerle cuando dijo que un amigo de la familia había cometido la atrocidad. Pero, por supuesto, eso no tenía sentido. Si un amigo de la familia había matado a todos los Romero, ¿por qué dejaron vivir a Isabel?

La policía también notó que Isabel tenía lo que parecía ser algunos cortes en las manos. Así que la llevaron al Departamento del Sheriff del Condado de Gwinnett para interrogarla, y eventualmente se dieron cuenta de que ella era la asesina. Isabel Martínez fue arrestada por cinco cargos de asesinato esa tarde.

Una vez que Diana Romero se recuperó de sus heridas, dio una declaración completa en contra de su madre, lo que proporcionó pruebas irrefutables de su culpabilidad, pero posiblemente también de su locura. Martínez se reunió con trabajadores sociales del condado, diciéndoles que el diablo la había llevado a cometer los asesinatos. Además, explicó que los asesinatos eran la culminación de una posesión demoníaca que había comenzado meses antes cuando fue al océano con su familia.

Los fiscales del condado de Gwinnett no estaban tan convencidos de que Martínez estuviera loca. Señalaron el hecho de que inicialmente intentó culpar de los asesinatos a un vecino y también notaron que no tenía un historial conocido de enfermedad mental. La historia entera les parecía demasiado "ajustada". Pero, ¿acaso una persona cuerda podría asesinar brutalmente a cinco miembros de su familia?

Cuando Martínez compareció en su primera audiencia, actuó de manera extraña. Sonrió para la cámara, haciendo el gesto de "pulgar arriba" en una ocasión. El comportamiento de Martínez causó un dilema legal para la fiscalía: si perseguían y obtenían la pena de muerte, como quería gran parte del público, podría ser anulada en apelación debido a su estado mental.

Debido a las consideraciones legales, los fiscales del condado de Gwinnett retiraron la pena de muerte del menú, siempre y cuando Martínez se declarara culpable de asesinato en primer grado y aceptara una sentencia de cadena perpetua sin posibilidad de libertad condicional. Martínez aceptó el acuerdo de culpabilidad en abril de 2019 y fue rápidamente trasladada a su nuevo hogar en el Departamento de Correcciones de Georgia. Si la locura de Martínez era solo un acto, puede que le haya salvado la vida.

Capítulo 15 - Dena Schlosser

P ara la mayoría de las personas, la frase "Matar por el Apocalipsis" evoca una mezcla de confusión y horror. El siguiente caso es quizás el más extraño y brutal de todos los que se presentan en esta antología. A pesar de que la madre homicida involucrada solo mató a uno de sus hijos, lo hizo de una manera tan horrenda y por un motivo tan peculiar que destaca por sí mismo. Dena Schlosser era una mujer muy religiosa que creía que el mundo estaba en sus últimos días. No está del todo claro cómo llegó a esa conclusión, pero en algún momento comenzó a convencerse de que estábamos al borde del Apocalipsis bíblico.

Creer en el inminente Apocalipsis bíblico no es necesariamente extraño, especialmente en el denominado Cinturón Bíblico de Estados Unidos, y prepararse para el Apocalipsis tampoco lo es. Muchos creyentes estudian cuidadosamente las escrituras en busca de pistas sobre lo que vendrá y lo que creen que deben hacer. Analizan cada palabra del Libro de Apocalipsis y la comparan con los libros de profecía del Antiguo Testamento, como Daniel y Ezequiel, en busca de respuestas. Estas personas a menudo se reúnen y comparten sus opiniones con otros que piensan de manera similar. A veces intentan convencer a otros de que necesitan "reconciliarse con Dios" antes del Apocalipsis, que podría ocurrir en cualquier momento.

Luego están aquellos que se preparan físicamente para el final, además de sus preparativos espirituales. Con la Biblia en una mano y un AK-47 en la otra, algunas personas creen que el Libro de Apocalipsis advierte sobre un colapso social inminente y una guerra generalizada. Estas personas piensan que, cuando llegue el Apocalipsis, necesitan estar del lado correcto, no solo espiritualmente, sino también físicamente.

Y luego está Dena Schlosser. Dena Schlosser creía que el Apocalipsis bíblico estaba sobre nosotros y también pensaba que había cosas que debía hacer para enfrentarlo. Pero en lugar de estudiar la Biblia o prepararse de otra manera, Schlosser consideró que amputar los brazos de su hija de 11 meses era la mejor decisión. Sí, lo has leído bien.

El caso planteó muchas preguntas, no tanto sobre la culpabilidad de Schlosser, sino más sobre su estado mental. Una persona sana no haría tal cosa a su hijo y mucho menos por la razón mencionada, ¿verdad? El caso sacó a la luz cuestiones sobre la enfermedad mental y cómo deberían ser tratados los individuos con problemas mentales acusados de delitos en el sistema de justicia penal.

Mucho después de que se dictara el juicio final en la sala del tribunal, este caso continuó durante varios años y, de muchas maneras, aún perdura. En un macabro giro del destino, este caso eventualmente se cruzó con el de Andrea Yates, demostrando que el mundo de las madres homicidas es verdaderamente pequeño.

Dificultades Iniciales

Dena Schlosser nació como Dena Laettner en 1969 en el norte del estado de Nueva York. Aunque nació en una familia tranquila de clase media, sufrió algunas enfermedades que hicieron que su vida temprana fuera más difícil y que pudieron haber contribuido a la tragedia posterior.

Dena nació con hidrocefalia. Como indica el nombre, es una condición médica en la que el recién nacido tiene un exceso de líquido alrededor del cerebro, lo cual puede llevar a problemas graves, pero es muy tratable. Un niño que padece hidrocefalia tendrá una cabeza más grande de lo normal hasta que el exceso de líquido sea drenado, ya sea a través de cirugía u otros tratamientos, y el crecimiento del cuerpo pueda alcanzar a la cabeza.

Los niños pueden ser crueles, como Dena descubrió al crecer con hidrocefalia. La acosaban por tener una "cabeza de papa" y por ser calva. Aunque la pérdida de cabello no es un efecto secundario de la hidrocefalia, Dena tuvo ocho cirugías antes de los 13 años para eliminar el líquido, lo que significaba que su cabeza necesitaba ser rapada.

Así que la infancia no fue fácil para Dena Laettner, pero perseveró lo mejor que pudo. Pasó mucho tiempo en casa con su familia, leyendo y haciendo sus deberes. Dena también se interesó en la Biblia desde una edad temprana, a menudo leyendo escrituras en su tiempo libre. El esfuerzo y los hábitos de estudio de Dena dieron sus frutos cuando se graduó. Solicitó ingreso a varias universidades de la región y fue aceptada en el exclusivo Marist College. Ubicado en Poughkeepsie, Nueva York, ofrecía los dos factores principales que buscaba en una universidad: estaba cerca de casa y tenía una excelente reputación académica.

Llevando consigo los hábitos de estudio y la ética de trabajo que había desarrollado en la escuela secundaria, Dena fue una buena estudiante, obteniendo un título en psicología en cuatro años. La vida social de Dena en la universidad también fue algo similar a la de sus años de secundaria: se centró en sus calificaciones y tuvo poco tiempo para la vida nocturna. Sin embargo, sí dedicó tiempo a profundizar en la Biblia, lo que le permitió conocer a John Schlosser.

John Schlosser era un compañero estudiante de Marist cuando Dena lo conoció a mediados de la década de 1980. Ambos se sintieron atraídos inmediatamente el uno por el otro, pero, más importante aún, compartían una moral similar. John y Dena eran ambos fervientes cristianos y a menudo pasaban gran parte de su tiempo libre juntos, leyendo escrituras y discutiendo pasajes bíblicos.

Aunque John no se graduó de la universidad, siempre logró conseguir empleos bien remunerados, así que dio el siguiente paso lógico que cualquier buen cristiano haría y le pidió a Dena que se casara con él. Ella aceptó y, en cuestión de meses, se mudaron a los suburbios de Dallas, Texas. La mudanza se basó principalmente en el hecho de que John tendría mejores oportunidades laborales en Texas para ganar más dinero para la familia numerosa que deseaban. Aunque Dena era la que tenía formación universitaria en la familia, John no quería que ella trabajara. Dena sería una buena madre cristiana y se quedaría en casa a criar a sus hijos.

Vida Antes del Apocalipsis

Los Schlosser se mudaron al agradable y tranquilo suburbio de Plano, Texas, y comenzaron a construir una vida conforme a sus creencias cristianas. Dena dio a luz a una hija en 1995 y otra en 1998, y según todos los informes, era feliz siendo madre. John trabajaba y ella era madre a tiempo completo.

Todo parecía ir bien para la joven familia. Eran muy respetados por sus vecinos y miembros de la iglesia, y parecían estar en una trayectoria ascendente tanto social como económicamente. John estaba teniendo tanto éxito en su trabajo que la pareja decidió tener otro hijo. Aunque esperaban un niño, estaban felices de dar la bienvenida a su tercera hija, Margaret, a la familia en diciembre de 2003.

Sin embargo, tan pronto como nació Margaret, el estado mental de Dena se desmoronó rápidamente. Al día siguiente del nacimiento de Margaret, Dena intentó suicidarse. No está claro si el intento de suicidio fue un "grito de ayuda" o una verdadera intención de quitarse la vida, pero de cualquier manera, probablemente debería haberse tomado más en serio. No se hicieron esfuerzos para que Dena recibiera ningún tipo de asesoramiento en salud mental o tratamiento.

El nacimiento de Margaret supuso una carga enorme para Dena y también fue difícil para John. Hizo lo que pudo para ayudar con los niños y aliviar el estado mental de su esposa, pero no podía permitirse tomar mucho tiempo libre del trabajo. Y, desafortunadamente para los Schlosser, no tenían familiares cercanos en la zona. No había padres ni hermanos que pudieran ayudar a cuidar a los niños.

Un par de semanas después de que Dena intentara suicidarse, los servicios de protección infantil del condado fueron llamados a la casa familiar por otro incidente extraño. Se informó que Dena estaba corriendo por la calle, mientras su hija de 5 años la perseguía en su bicicleta. Cuando la policía y los trabajadores sociales llegaron a la casa, descubrieron que Dena había comenzado a comportarse de manera extraña y había salido corriendo de la casa y hacia la calle, momento en el cual la niña comenzó a perseguirla.

Los trabajadores sociales entrevistaron a los miembros de la familia Schlosser, así como a Dena, y aprendieron que ella había estado actuando de manera extraña durante un tiempo. Según sus familiares, Dena a menudo parecía retraída y deprimida, y cuando hablaba, lo hacía sobre cosas raras, como el inminente Apocalipsis.

Debido a todos estos factores, John decidió internar a Dena en una institución de salud mental durante unas semanas. Fue diagnosticada con una enfermedad mental, pero nunca se determinó que fuera violenta o una amenaza para sí misma o para otros. "Nunca hubo indicios de violencia en esta familia", dijo la trabajadora social Marissa Gonzalez. "Los niños siempre habían estado sanos, felices y cuidados."

Dena regresó a casa y, hasta finales de 2004, parecía haber superado sus problemas. Pero, sin importar cuánta medicación se pueda tomar, problemas tan profundos como los de Dena Schlosser suelen tener una forma de volver a salir a la superficie.

"Él Me Tocó"

Para el otoño de 2004, la condición de Dena había dado un giro drástico. Parecía estar viviendo en un mundo propio y había poco que cualquiera pudiera hacer para sacarla de allí. John pensó que, dado que ella siempre había sido una cristiana devota, llevarla más a la iglesia podría ayudar, pero parecía tener el efecto contrario.

Los Schlosser pertenecían a la Iglesia Agua de Vida, ubicada en las afueras de Dallas. Era una de las muchas iglesias cristianas evangélicas en el área, pero había crecido enormemente en cuanto a miembros y perfil en los años previos a 2004. Una gran razón por la cual la iglesia estaba creciendo, y por la cual a los Schlosser les gustaba, era su carismático predicador, Doyle Davidson. Ser un predicador evangélico en el "Cinturón Bíblico" es mucho más difícil de lo que uno podría pensar. Dado que hay mucha competencia, para ser un predicador evangélico exitoso a largo plazo en el sur, uno tiene que ser no solo carismático sino también saber cómo caminar por la delgada línea entre el fuego y el azufre y la motivación. Un predicador perderá a su rebaño si es demasiado negativo, por lo que los mejores predicadores del Cinturón Bíblico suelen emplear un mensaje positivo junto con sus advertencias de condenación eterna. Doyle Davidson era uno de esos predicadores.

Dena se sentía especialmente impresionada por Davidson. Pensaba que el predicador le hablaba personalmente cuando discutía el libro de Apocalipsis y lo que significaba para el futuro del planeta. Dena Schlosser comenzó a creer que Doyle Davidson tenía la clave para desbloquear los misterios del Apocalipsis. Buscaba constantemente señales del inminente Apocalipsis hasta que finalmente creyó haberlas encontrado durante un informativo. Cuando Dena escuchó un reporte sobre un niño atacado por un león, por alguna razón, creyó que era una clara señal de que los tiempos finales estaban cerca.

Tenía que hacer su parte, lo que significaba asegurarse de que el miembro más inocente de la familia Schlosser no tuviera que sufrir. Así que un día después de la iglesia, Dena "ofreció" a Margaret a Davidson, quien rechazó la oferta. Para la mayoría de las personas, tal oferta hubiera llevado a un internamiento en una institución mental, pero dado que Dena había estado actuando tan extrañamente durante tanto tiempo, simplemente parecía haber sido ignorada.

Pero nadie podría ignorar lo que Dena hizo la noche del 22 de noviembre de 2004. John y las dos hijas mayores estaban fuera, dejando a Dena sola con Margaret. Se desconoce si planeó lo que hizo o si simplemente aprovechó la oportunidad cuando estuvo sola con el bebé, pero no perdió tiempo.

Dena puso algo de música gospel y luego cometió uno de los actos más indescriptibles que uno podría imaginar. No sofocó ni apuñaló a su indefensa hija, lo cual habría sido horrible, sino que le cortó los brazos a Margaret. Sí, lo has leído bien: Dena le cortó los pequeños brazos a Margaret.

Usando un cuchillo de cocina, Dena llevó a cabo el acto diabólico rápidamente mientras la música gospel ahogaba los gritos de su hija. Cuando terminó, dejó los brazos del bebé en la cuna y llamó al 911. El confundido operador del 911 escuchó a Dena decir: "Le corté los brazos" mientras la canción gospel "Él me tocó" sonaba fuerte en el fondo.

Los oficiales de policía que respondieron al incidente quedaron horrorizados por lo que encontraron. Todos los primeros en responder en la escena ese día habían visto muchas muertes y actos de violencia en sus carreras, pero nada que se acercara al nivel de lo que presenciaron en la casa de los Schlosser esa noche. Era lo más malvado o lo más perturbador que jamás habían sido testigos. Y esa fue la pregunta que se planteó de inmediato: ¿era Dena Schlosser malvada o estaba loca?

La policía la arrestó por asesinato y el fiscal del distrito del condado de Collin, Texas, la acusó de asesinato, creyendo que estaba en control de sus facultades. Sin embargo, los abogados de Dena argumentaron durante el juicio que ella estaba loca. Para respaldar su caso, los abogados defensores señalaron el comportamiento extraño de Dena en los meses anteriores al asesinato y el hecho de que había estado brevemente hospitalizada.

La mayoría en el área de Dallas creía que no había forma de que un jurado no encontrara a Dena Schlosser culpable de asesinato. Eso fue hasta que se llevó a cabo el nuevo juicio de Andrea Yates. Yates tuvo su nuevo juicio por el asesinato de sus hijos en el verano de 2006, y si recuerdas, fue declarada no culpable por razón de locura. Los abogados de Schlosser esperaban un veredicto similar solo unos meses después.

Entre las pruebas que los abogados de Schlosser presentaron al jurado había algunas exploraciones que mostraban que tenía un tumor cerebral y testimonios de expertos que indicaban que sufría de psicosis posparto. La evidencia sobre la locura de Schlosser fue tan convincente que incluso los expertos de la acusación parecían estar de acuerdo con la evaluación. "Ella sentía que, en esencia, estaba mandada a cortarle los brazos a Maggie y a cortarse los propios brazos, las piernas y la cabeza, y, de alguna manera, dárselos a Dios", declaró el psiquiatra estatal David Self durante el juicio.

El juicio terminó a principios de noviembre de 2006 y el 7 de noviembre de 2006, el jurado regresó con su veredicto: no culpable por razón de locura. Era la segunda vez en menos de seis meses que un jurado de Texas había devuelto un veredicto de no culpable por razón de locura para una madre notoria por matar a su hijo. El veredicto molestó a gran parte de la comunidad y causó divisiones entre vecinos y compañeros de trabajo; aunque la mayoría del público se oponía al veredicto, una parte significativa creía que Dena realmente estaba loca.

Y para aquellos que creían que Dena Schlosser debería ser castigada por su acto atroz, el camino que enfrentó no fue ni fácil ni agradable. Aunque Dena Schlosser fue declarada no culpable penalmente ni responsable del asesinato de su hija, fue debido a su locura, lo que significaba que automáticamente se convirtió en un pupilo del estado. Al igual que Andrea Yates meses antes, Schlosser fue internada en un hospital psiquiátrico por un período indeterminado. No mucho después del juicio, Dena fue enviada al Hospital Estatal del Norte de Texas en Vernon.

Dena Schlosser nunca tendría completa libertad, o eso pensaba la mayoría.

Dena y Andrea

Cuando Dena fue enviada al hospital psiquiátrico, no fue el final de su historia. Cuando Dena Schlosser fue declarada no culpable por razón de locura, solo comenzó un nuevo capítulo en un libro muy extraño.

Poco después de que Dena fuera internada, John solicitó el divorcio y la custodia total de los dos hijos sobrevivientes de la pareja. No tenía planes de mantenerse al lado de Dena durante su tratamiento a largo plazo. Nadie culpa a John por seguir adelante. Creía que ella necesitaba tratamiento en lugar de prisión, pero no había forma de que pudiera quedarse con ella. Cada vez que miraba a Dena, le recordaba la agonizante muerte de su bebé y los últimos momentos de vida mientras luchaba en la cuna. Las dos hijas de los Schlosser también han cortado todo contacto con su madre.

Así que Dena fue enviada al hospital para comenzar su tratamiento, que podría durar toda la vida, pero no iba a pasar por el tratamiento sola. Cuando Dena fue asignada a una habitación, se enteró de que tenía una compañera de cuarto igualmente notoria, Andrea Yates. Según todos los informes, las dos mujeres se llevaban bien y Dena se adaptó rápidamente a sus nuevas condiciones de vida. Andrea le enseñó a Dena los entresijos de la vida institucional y ambas compartían puntos de vista teológicos similares, aunque retorcidos. Yates y Schlosser a menudo podían ser vistas leyendo la Biblia juntas y discutiendo diferentes versículos del Antiguo y del Nuevo Testamento. Ambas mujeres parecían disfrutar especialmente de los pasajes más candentes del Antiguo Testamento.

Dena no causó problemas al personal del hospital y generalmente se llevaba bien con los otros pacientes, aunque estaba más cerca de Yates. Se le administró un régimen médico intensivo de antipsicóticos y antidepresivos, y tenía sesiones de terapia grupal e individual regularmente. En general, Dena respondió bien a todo, y cuando se realizó una revisión a finales de 2008, sus médicos solo tenían cosas positivas que decir.

Según los médicos del Hospital Estatal del Norte de Texas, Dena Schlosser ya no era una amenaza para sí misma ni para otros. Bajo los términos de su confinamiento, si Schlosser ya no era considerada una amenaza, podría ser liberada de nuevo en la sociedad. Así que, en noviembre de 2008, exactamente dos años después de ser declarada no culpable por razón de locura, Dena Schlosser fue liberada de la custodia. Como no era una criminal convicta, la liberación de Dena no fue un registro público. Por lo tanto, nadie fuera del personal del hospital sabía que había sido liberada.

Sin embargo, las condiciones de la liberación de Schlosser eran bastante estrictas. Estaba esencialmente bajo arresto domiciliario y solo se le permitía salir de su apartamento para trabajar, ir a la iglesia o a terapia. También se le prohibió estar cerca de niños. Aun así, era bastante increíble que se le permitiera caminar entre el resto de nosotros considerando su crimen. Para tener un nivel de anonimato y también, presumiblemente, por razones de seguridad, Dena cambió legalmente su apellido de nuevo a su apellido de soltera.

A pesar de haber sido liberada y volver a las calles, la realidad es que Dena Schlosser/Laettner es una persona muy perturbada. Justo un año después de ser liberada del hospital estatal, en abril de 2010, Dena fue detenida por vagar por el suburbio de Richardson, Texas, en las primeras horas de la mañana. Los vecinos de la tranquila comunidad llamaron a la policía cuando notaron a la extraña mujer caminando de un lado a otro por la calle, aparentemente hablando sola. Los oficiales de policía que respondieron inicialmente no pudieron determinar mucho porque ella seguía murmurando para sí misma, pero después de un tiempo, supieron que había sido internada previamente en un hospital psiquiátrico.

Dena fue brevemente readmitida en un hospital después del incidente. Posteriormente, fue liberada bajo las mismas condiciones que en su primera liberación. Mantuvo un perfil bajo en el área de Dallas y consiguió un trabajo mal pagado en Walmart bajo su apellido de soltera. Pero en la sociedad actual, donde todo se publica en línea y las personas tienen acceso a prácticamente todos los registros, nada puede ser completamente privado. Alguien descubrió que Dena estaba trabajando en un Walmart del área de Dallas y, antes de mucho tiempo, la historia se volvió viral y fue recogida por los medios locales.

Los gerentes del Walmart local enfrentaron un intenso escrutinio; sin embargo, en justicia para ellos, Dena solicitó el trabajo bajo su apellido de soltera y técnicamente no tenía antecedentes penales. Aun así, la presión fue demasiado y despidieron a la madre homicida de su trabajo. Desde entonces, no se ha vuelto a tener noticias de Dena Laettner, así que solo se puede pensar en dónde estará ahora. ¡Podría estar viviendo al lado tuyo!

Capítulo 16 - Jessica Edens

Protegiendo Su Territorio, Jessica Edens" puede parecer un simple encabezado, pero refleja una realidad profunda. Aunque los hombres pueden ser estadísticamente más violentos que las mujeres, como demuestra este libro, hay más de unas pocas mujeres que desafían este hecho.

La mayoría de los historiadores, antropólogos y biólogos afirman que la razón por la cual los hombres son más violentos es el resultado de una combinación de naturaleza, evolución y circunstancias. En la Era Paleolítica, los hombres que sobrevivían y se reproducían eran generalmente los más violentos; eran capaces de proteger eficazmente a sus mujeres, hijos y tribu.

Esta dinámica perduró en tiempos históricos y se replicó a mayor escala, con reinos luchando por recursos, que en ocasiones incluían a mujeres. La idea de que los hombres pelean por "territorio", que puede incluir esposas o novias, sigue observándose hoy en día. Sin duda has presenciado este comportamiento en algún momento de tu vida, a menudo en un bar donde está involucrado el alcohol. Aunque la mayoría de nosotros intentamos evitar este tipo de conductas hoy en día, sus orígenes siguen arraigados en la naturaleza de muchos hombres.

Instinto de Hombre de las Cavernas

Es probable que hayas oído hablar del "instinto de hombre de las cavernas", y aunque se asocia principalmente con los hombres, en ocasiones también se observa en las mujeres. Durante la Era Paleolítica, las mujeres también tenían que competir por recursos y por un fuerte protector masculino. Las mujeres que lograban conseguir al mejor protector masculino solían ser las más atractivas, inteligentes y fértiles de la tribu. Este instinto primitivo de atraer al hombre más capaz, creían muchos, todavía existe en lo más profundo de la mayoría de las mujeres y es lo que hace que algunas sean muy territoriales, casi tan territoriales como los hombres.

Desafortunadamente, algunas personas, tanto hombres como mujeres, son incapaces de controlar su impulso primitivo de afirmar su territorialidad. No se dan cuenta de que vivimos en una sociedad civilizada y que, a cambio de todas las comodidades que disfrutamos, debemos renunciar a algunos de nuestros impulsos primitivos.

El último caso de esta antología trata sobre una esposa y madre llamada Jessica Edens, quien descubrió que otra mujer había invadido su territorio. En lugar de darse cuenta de que era hora de seguir adelante con su vida y que había poco que pudiera hacer, Jessica decidió que no solo su competidora sexual pagaría por la invasión de su territorio, sino que también todos a su alrededor lo harían. Esto dejó a su esposo sin nada y preguntándose si podría haber hecho las cosas de otra manera.

Ben y Jessica Edens

Ben y Jessica Edens se conocieron a finales de la década de 2010 en Greenville, Carolina del Sur. Ambos tenían buenos trabajos al conocerse y se llevaron muy bien. A Jessica le gustaba mucho Ben; era guapo, exitoso y encantador, pero le preocupaba que su hijo Hayden de un matrimonio anterior fuera un obstáculo.

Resultó que Ben y Hayden se llevaban muy bien, y lo más importante, Ben mostró interés en ser una figura paterna. La situación llenó de alegría a Jessica, ya que no se llevaba bien con su exmarido, quien tenía un contacto mínimo con Hayden. Después de un rápido noviazgo, Ben le propuso matrimonio a Jessica y ella aceptó sin dudarlo. Ambos se mudaron a una bonita casa nueva en un tranquilo vecindario suburbano y comenzaron a construir una vida juntos.

Las cosas fueron bien para la pareja durante los primeros años. Dieron la bienvenida a su hija Harper en 2012, había suficiente dinero entrando en el hogar y Ben era un buen padre para Hayden. Pero como ocurre en la mayoría de las parejas, en 2015 y 2016, los Edens atravesaron un par de momentos difíciles. Los problemas comenzaron con discusiones sobre las tareas domésticas y peleas ocasionales por las finanzas. Por supuesto, estos son bastante comunes en las familias hoy en día, incluso en aquellas que no tienen problemas financieros. Las discusiones empezaron a adquirir un tono más acusatorio por parte de Jessica. Ella se volvió más posesiva con Ben, marcando su "territorio".

Capítulo 17

La Espiral de la Posesividad

Si alguna vez has experimentado de manera personal a una persona posesiva, sabes que las cosas no suelen acabar bien para ellos. Hoy en día, no puedes "reclamar tu territorio" sobre otro ser humano como podías hacerlo en la Era Paleolítica; hacerlo solo aleja a la persona hacia los brazos de alguien más. Sin embargo, Jessica persistió en su naturaleza posesiva, acosando a Ben al preguntarle constantemente dónde estaba, a dónde iba y llamándolo sin cesar.

No es necesario decir que Ben no reaccionó bien a este comportamiento posesivo y discutía con ella, lo que a menudo conducía a fuertes peleas frente a los niños. Para 2015, Ben principalmente dormía en el sofá y el amor se había desvanecido en su matrimonio. Dado que Ben era joven, exitoso y atractivo, llamó la atención de otras mujeres. Una mujer que captó su interés fue Meredith Rahme, una joven de 27 años que conoció en el trabajo en 2016. Era atractiva, joven y no tenía hijos. Lo más importante es que Rahme no intentaba controlar cada movimiento de Ben.

Poco después de conocerse, Ben y Meredith comenzaron una aventura sexual que rápidamente se convirtió en algo más profundo. Ben se enamoró de Meredith y planeaba casarse con ella, pero, por supuesto, todavía estaba casado con Jessica, así que tuvo que darle la noticia. Ella no tomó la noticia muy bien.

Jessica intentó avergonzar a Ben por su falta de moral y, cuando eso no funcionó, trató de hacerle sentir culpable por dejar a los niños. Sin importar cuánta culpa y vergüenza intentara cargar sobre Ben, él se volvió más decidido a poner fin al matrimonio. Ben se mudó de la casa de los Edens en abril de 2017 a un apartamento con Meredith Rahme.

Jessica se sintió herida por el deterioro de su matrimonio, pero la ira y el odio describen más acertadamente las emociones que la impulsaban en ese momento. Al igual que una osa protectora de su familia ante los forasteros, Jessica comenzó a enfocar su ira en la "rompedora de hogares", Meredith Rahme. Hizo varias publicaciones desfavorables sobre Meredith en las redes sociales y, cuando eso no pareció tener mucho efecto, decidió ir directamente al grano enviándole mensajes de texto.

Meredith se sintió amenazada por los mensajes, así que los reportó a la policía local el 12 de julio de 2017. La policía luego visitó a Jessica. La atractiva Jessica actuó con recato cuando los agentes llegaron a su casa y presentó todo el incidente como un malentendido. Admitió que ella y Ben estaban teniendo problemas matrimoniales y que Meredith Rahme era parte del problema, pero que no la culpaba.

Aseguró a los oficiales que no era una persona violenta y que nunca haría nada que pudiera poner en peligro a sus hijos. Aunque los agentes podrían haber arrestado a Jessica por amenazas terroristas, la encontraron convincente. Creyeron que se trataba de una combinación de un poco de ira y algunos malentendidos importantes y que todo probablemente se aclararía al día siguiente entre las partes involucradas. Los policías tenían razón; todo se aclararía al día siguiente, ¡pero todos los implicados estarían muertos!

Capítulo 18

"Todos a Quienes Amas Han Desaparecido"

Después de que la policía dejó la casa de los Edens, Jessica sabía que no iba a ganar la pelea sin derramar sangre. Limpió y pulió la pistola del calibre .40 que había tomado de la casa de sus padres. No quería que se atascara al llevar a cabo su plan. Sería un gran día para Jessica, ya que marcaría su territorio de una vez por todas. Y sabía que solo tendría una oportunidad para llevar a cabo su plan.

Tras limpiar el arma, abrochó a Hayden y Harper en sus asientos de seguridad. Los dos niños no pensaban que nada fuera fuera de lo normal, y, en general, Jessica les hizo creer que solo estaban saliendo de paseo. La primera parada fue el apartamento de Meredith Rahme.

Jessica esperó fuera del apartamento durante un rato. Era todavía relativamente temprano, así que cuando Meredith salió hacia su coche, probablemente aún estaba despertando y más preocupada por llegar a tiempo al trabajo que por lo que la esperaba a la vuelta de la esquina. Solo hizo falta un disparo para acabar con Meredith.

Jessica observó su obra durante unos momentos. Sabía que había cruzado el Rubicón en ese punto y que no había vuelta atrás. Jessica había matado a su rival, pero no iba a pasar el resto de su vida tras las rejas. Tenía que llevar a cabo la siguiente parte, la más dura de su plan.

Se desconoce si los niños vieron a su madre asesinar a Rahme. Sin embargo, no importa, porque después de matarla, Jessica condujo unos kilómetros por la Interestatal 85, se detuvo y disparó a Hayden y Harper una vez en la cabeza. Luego, Jessica hizo una llamada perturbadora a Ben. "Todos a quienes amas han desaparecido", gritó Jessica por teléfono. "¿Me oyes? Yo también estoy a punto de desaparecer." Luego se escuchó el sonido de un disparo.

En los días siguientes a la masacre de Jessica, amigos y familiares de la pareja quedaron buscando respuestas. Por supuesto, hubo los típicos comentarios de "debería haber visto las señales" por parte de algunos cercanos a Jessica, pero la realidad es que no habría habido manera de detener lo que hizo. Jessica fue impulsada por un deseo extremo de proteger lo que era suyo, combinado con un retorcido sentido del honor y un fuerte deseo de venganza.

La realidad es que Jessica mantuvo sus verdaderos sentimientos muy cerca de su corazón. Muy pocas personas supieron lo que estaba pensando y sintiendo. Una búsqueda en la casa de los Edens reveló que la masacre de Jessica había sido planeada mucho antes de los asesinatos, como evidencian varias cartas que escribió a aquellos más cercanos a ella. En una carta dirigida a sus padres, Jessica les expresó cuánto los amaba y que realmente sentía haberles traído vergüenza y haber matado a sus nietos.

También escribió una carta a su exmarido y padre de Hayden: "Para Nate, no sé qué decir. Me diste a mi primer hijo. Siempre te estaré agradecida por eso. Nunca quise causarte tanto dolor; lo siento." Pero para Ben, escribió su carta más larga y desgarradora: "Para Ben, me has causado más dolor del que jamás he sentido en mi vida. Has causado dolor a mis hijos. Te odio. Espero que un día pudras por lo que me has hecho a mí y a mi hijo. Ya no puedes hacernos daño. Estamos en paz. Espero que vivas con dolor, vergüenza y culpa por el resto de tu vida."

La masacre ha dejado a Ben Edens emocionalmente destrozado, aunque, a diferencia de lo que Jessica habría querido creer, probablemente no le hizo cuestionar cómo la trató, sino más bien por qué no la dejó antes o por qué nunca la conoció en primer lugar.

Conclusión

Así que ahí lo tienes, sin duda, 16 de las peores madres en la historia de Estados Unidos. Algunas mataron a sus hijos como una forma retorcida de venganza, mientras que otras lo hicieron por lucro. Algunas de estas madres asesinas parecían disfrutar del asesinato, pero para otras, era solo un medio para un fin. Algunas de estas mujeres son legalmente insanas, una fue más irresponsable que cualquier otra cosa, y muchas de ellas son pura maldad.

Es probable que, si estás leyendo esto, incluso si has tenido problemas con tu madre, ella no se acerque ni remotamente a lo que has visto aquí. Estas mujeres son, sin duda, una pequeña minoría de todas las madres, pero al tratarse de casos de mujeres de casi todas las razas, niveles económicos y diferentes regiones del país, demuestra que el fenómeno de las madres que matan a sus propios hijos es, lamentablemente, un poco más común de lo que nos gustaría pensar.

Casi todos los que conocían a las madres asesinas en este libro se sorprendieron al enterarse de que su amiga, vecina o familiar había matado a sus hijos. O ignoraron las señales de advertencia o no había ninguna. La triste realidad es que casos como estos son casi imposibles de prevenir o predecir.

Claro, la gente siempre dice "debería haberlo sabido" después del hecho, pero nadie piensa jamás que una madre masacraría a toda su familia. Parte de eso se debe a que la mayoría de nosotros no queremos ver lo peor en las personas. Incluso si vemos algunas señales de que algo está mal, nunca pensaríamos que una madre podría dar el paso de matar a toda su familia.

Porque una madre que asesina a sus hijos es quizás el crimen más difícil de entender.

9 798227 297785